ÉLÉMENTS

DE

GRAMMAIRE FRANÇAISE

SIMPLIFIÉE.

ÉLÉMENTS

DE

GRAMMAIRE FRANÇAISE

SIMPLIFIÉE,

SUIVIS

D'EXERCICES ANALYTIQUES, ORTHOGRAPHIQUES, HISTORIQUES ET GÉOGRAPHIQUES

Propres à développer l'intelligence et la mémoire
des élèves ;

PAR S. M. VIGNEAU,

Instituteur du degré supérieur.

Sans la langue, en un mot, l'auteur le plus *divin*
Est toujours, quoi qu'il fasse, un méchant écrivain.
BOILEAU.

SE TROUVE

A PARIS, chez HACHETTE, Libraire, rue Pierre-Sarrazin, 12 ;
A CHARTRES, chez GARNIER, Imprimeur-Libraire ;
A PONT-AUDEMER, chez DUGAS-LECOMTE, Imprimeur-Libraire,
et chez l'AUTEUR.

1846.
1847

NOGENT-LE-ROTROU, IMPRIMERIE DE GOUVERNEUR.

ÉLÉMENTS
DE GRAMMAIRE
FRANÇAISE.

NOTIONS PRÉLIMINAIRES.

1. *La Grammaire* est l'art de parler et d'écrire correctement.

2. *Parler et écrire* c'est exprimer la pensée par des mots

3. *Les mots écrits sont formés* de syllabes ; les syllabes sont composées de lettres.

4. *La langue française emploie* vingt-cinq lettres, qui se divisent en voyelles et en consonnes.

5. *Les lettres* de l'alphabet français sont : *a, b, c, d, e, f, g, h, i, j, k, l, m, n, o, p, q, r, s, t, u, v, x, y, z.*

6. *Les voyelles* sont les lettres qui représentent par elles-mêmes une voix, un son.

7. On divise les voyelles en voyelles simples et en voyelles composées.

8. Les voyelles simples sont : *a, e, i, o, u, y.*

9. Les voyelles composées sont : *ai, an, au, en, eu, in, oi, on, ou, un.* On les appelle composées parce qu'elles sont représentées par plusieurs lettres.

10 On divise les voyelles en longues et en brèves.

11. Les voyelles longues sont celles sur lesquelles on appuie en les prononçant : *Pâte, côte, gîte, flûte.*

12. Les voyelles brèves sont celles que l'on prononce rapidement : *Agate, note, limite.*

13. On nomme voyelles nasales celles qui se prononcent du nez · ces voyelles sont *an, in, on, un.*

14. Les *consonnes* sont les lettres qui ne forment un son qu'avec le secours des voyelles, ce sont : *b, p, g, c, k, q, d, t, v, f, j, l, r, m, n, z, s, x, h.*

15. Les consonnes composées sont : *ch, gn, ph, ill.*

16. *Une syllabe* est une ou plusieurs lettres qui se prononcent d'une seule émission de voix : *Dieu a fait tout ce qui est.*

17. On divise les syllabes en longues et en brèves.

18. Les syllabes longues sont celles qui renferment une voyelle longue : *Vase, rose, côte, même.*

19. Les syllabes brèves sont celles qui ne sont formées que de voyelles brèves : *Cote, rosace, limite.*

20. On distingue en français neuf sortes de mots : les *noms*, les *adjectifs*, les *pronoms*, les *verbes*, les *participes*, les *adverbes*, les *prepositions*, les *conjonctions* et les *interjections*.

21. Les *adverbes*, les *prépositions*, les *conjonctions* et les *interjections* sont invariables

~ DES NOMS.

22. Les noms ou substantifs sont les mots qui représentent les êtres, les personnes, les animaux et les choses : *Dieu, Napoléon, papa, Jules, chien, maison, bonté.*

23. On divise les noms en noms communs et en noms propres.

24. Les noms communs sont ceux qui conviennent à tous les êtres de la même espèce : *Homme, chien, arbre, ville, rivière.*

25. Les noms propres sont ceux qui servent à distinguer les individus de la même espèce : *France, Napoléon, Paris, la Seine.*

26. Il y a deux genres, le masculin et le féminin.

27. Les noms d'hommes et d'animaux mâles sont du masculin : *Charles, menuisier, cheval.*

28. Les noms d'objets inanimés (sans vie) sont du masculin quand l'usage permet de les faire précéder de *le, un : Le livre, un sabre.*

29. Les noms de femmes et d'animaux femelles sont du féminin : *Marie, reine, lionne.*

30. Les noms d'objets inanimés sont du féminin quand l'usage permet de les faire précéder de *la, une : La porte, une règle.*

31. Il y a deux nombres, le singulier et le pluriel.

32. Le nombre singulier sert à désigner un seul substantif : *Emile, le canif, une plume.*

33. Le nombre pluriel sert à désigner plusieurs substantifs : *Les hommes, les canifs, les plumes.*

FORMATION DU PLURIEL.

34. Le pluriel se forme en ajoutant s au singulier : *Le père, les pères; un enfant, des enfants.*

35. Les noms terminés au singulier par s, x ou z, ne changent pas au pluriel · *Le fils, les fils; le prix, les prix; le choix, les choix.*

36. Les noms terminés par AL ou AIL, changent L ou IL en UX · *ChevaL, chevaUX, travaIL, travaUX.*

37. Les noms terminés par AU ou EU, prennent un x au pluriel : *Le bateau, les bateaUX; le jeu, les jeuX.*

38. Les noms terminés par AL ou AIL ne prennent pas d'E à la syllabe finale : *Les journaux, les travaux.*

39. *Bal, carnaval, regal, portail, poitrail, gouvernail, éventail, camail,* prennent un s au pluriel.

40. *Bijou, caillou, chou, hibou, genou, joujou, pou,* prennent un x au pluriel : Les *bijoux,* les *cailloux,* etc.

41. Les mots suivants s'écrivent au singulier comme au pluriel : *Abus, abcès, ados, avis, bas, bras, bois, bourgeois, cas, cours, choix,*

croix, coloris, commis, compas, crucifix, cliquetis, chenevis, chassis, cacis, discours, devis, débris, dais, décès, enclos, époux, engrais, fils, flux, faix, glas, gaz, gueux, jus, lis, laquais, lambris, logis, matelas, minois, matois, mois, marquis, mets, noix, nez, obus, pas, pays, pus, propos, parvis, pois, poids, poix, patois, pavois, perdrix, paradis, palais, panaris, procès, refus, reflux, repos, rubis, rabais, ris, remords, sas, surcis, souris, salsifix, succès, tas, taudis, tamis, taillis, voix, vis, vernis.

DES ADJECTIFS.

42. Les ADJECTIFS sont les mots qui déterminent les personnes ou les choses dont on parle, ou qui en marquent la qualité : *Mon livre, cette plume, bon ami, livre amusant.*

43. On connaît qu'un mot est adjectif en ce qu'il ne signifie rien par lui-même, et qu'on peut le joindre à un nom *Mon livre, ma plume, bon garçon, habit rouge.*

44. On divise les adjectifs en adjectifs déterminatifs et adjectifs qualificatifs.

45. Les adjectifs déterminatifs sont ceux qu'on joint aux noms pour les déterminer d'une manière plus particulière : *Le roi, mon couteau, ce livre.*

46. Il y a six sortes d'adjectifs déterminatifs : *les articles, les démonstratifs, les possessifs, les numéraux, les indéterminés et les partitifs.*

47. Les ARTICLES sont de petits mots qui se placent avant les noms déterminés, et qui en font connaître ordinairement le genre et le nombre : *Le papier, la plume, les crayons.*

48. On divise les articles en simples et en contractés.

49. Les articles simples sont *le, la, les.*

50. Les articles contractés sont *au, du, aux, des.*

51. Les ADJECTIFS DÉMONSTRATIFS servent à montrer les objets dont on parle : *Ce livre, cette plume, ces ardoises.*

52. Les adjectifs démonstratifs sont :

ce, cet,	*cette,*	*ces,*
masc. sing ,	fém. sing.	plur. des 2 genres.

53. *Cet* s'emploie au masculin devant une voyelle ou un *h* muet : *Cet ami, cet homme.*

54. Les ADJECTIFS POSSESSIFS indiquent à qui appartiennent les objets dont on parle : *Mon livre, ta plume.*

55. Les adjectifs possessifs sont :

Mon, ton, son, au masc. sing.; *ma, ta, sa,* au fém. sing ; *mes, tes, ses,* au pluriel des deux genres.

56. *Mon, ton, son,* s'emploient aussi au féminin quand le mot commence par une voyelle ou un *h* muet . *Mon âme, ton amitié, son horloge.*

57. Les ADJECTIFS NUMÉRAUX indiquent le nombre ou la place des substantifs.

58. On divise les adjectifs numéraux en cardinaux et en ordinaux.

59. Les adjectifs cardinaux désignent le nombre : *un, deux, trois, quatre, vingt, trente,* etc.

60. Les adjectifs ordinaux désignent l'ordre ou la place : *premier, deuxième, quatrième, vingtième*, etc. *

61. Les **ADJECTIFS INDÉTERMINÉS** sont ceux que l'on joint aux noms pris dans un sens vague ou général : *Tout homme a des devoirs à remplir.*

62. Les adjectifs indéterminés sont : *aucun, autre, certain, chaque, même, nul, plusieurs, quel, quelque, quelconque, tout, un, une.*

63. Les **ADJECTIFS PARTITIFS** sont ceux que l'on joint aux noms pris dans un sens partiel : *Donnez-moi du pain, des fruits, de l'argent.*

64. Les adjectifs partitifs sont *de, du, de l', de la, des.*

65. Les **ADJECTIFS QUALIFICATIFS** marquent la qualité des substantifs : *Bon ami, grand homme, livre amusant.*

FORMATION DU FÉMININ

66. On forme ordinairement le féminin en ajoutant E. *Un petit cousin joli, une petite cousine jolie.*

67. Les noms et les adjectifs terminés par E, ne changent pas au féminin : *Une cousine aimable.*

68. Les adjectifs terminés par EUX changent X en SE au féminin : *Heureux, heureuse ; dangereux, dangereuse.*

69. Les noms et adjectifs terminés au masculin par EL, EIL, OL, UL, AN, ON, EN, ET, AS, OS, OT, doublent la consonne finale au féminin avant E : *Sujet, sujette ; lion, lionne ; chien, chienne ; mortel, mortelle ; vermeil, vermeille ; gros, grosse.*

70. *Complet, concret, discret, inquiet, replet, secret*, prennent seulement un accent grave avant e : *Complète, concrete, discrète*, etc.

Tiers	fait	*tierce.*	*Blanc, frais,*	font	*blanche, fraîche.*
Épais		*epaisse.*	*Franc, sec*		*franche, sèche.*
Gentil		*gentille.*	*Caduc,*	fait	*caduque.*
Ras		*rase.*	*Public*		*publique.*
Doux		*douce.*	*Turc*		*turque.*
Faux		*fausse.*	*Hebreu*		*hebraique.*
Roux		*rousse.*	*Grec*		*grecque.*
Vieux		*vieille.*	*Long*		*longue.*
Beau		*belle.*	*Favori*		*favorite.*
Fou		*folle.*	*Benin, malin*		*benigne, maligne*
Mou		*molle.*			

71. *Beau, fou, mou, nouveau, vieux*, font *bel, fol, mol, nouvel, vieil* au masculin singulier, devant une voyelle ou un *h* muet : *Bel appartement, fol amour, mol abandon, nouvel ami, vieil homme.*

72. Les adjectifs terminés par F au masculin, changent F en VE au féminin : *Vif, vive ; neuf, neuve.*

73. Les adjectifs terminés par EUR au masculin, font EUSE au féminin : *Chanteur, chanteuse ; danseur, danseuse ; pêcheur, pêcheuse.*

74. *Accusateur, acteur, administrateur, admirateur, adorateur, adulateur, appreciateur, conducteur, createur, debiteur, destructeur, directeur,*

---

* Les adjectifs ordinaux se forment des cardinaux en y ajoutant *ième* : *deux, deuxième, trois, troisième* ; excepté *un* qui fait *premier*, et *deux* qui fait aussi *second.*

exécuteur, inspecteur, imitateur, instituteur, inventeur, législateur, protecteur, producteur, scrutateur, triomphateur, font au féminin *accusatrice, actrice,* etc. *Chanteur* de profession fait *cantatrice.*

75. *Antérieur, inférieur, intérieur, majeur, meilleur, mineur, postérieur, supérieur* ajoutent seulement un *e* au féminin : *AntérieurE, inférieurE.*

76. *Bailleur, chasseur, défendeur, demandeur, devineur, enchanteur, pêcheur* qui commet des péchés, *vengeur,* font *bailleresse, chasseresse, défenderesse,* etc.

Serviteur, gouverneur, font *servante, gouvernante.*

Empereur fait *impératrice.*

77. *Ane, chanoine, comte, hôte, ivrogne, maître, prêtre, prince, prophète, tigre, traître,* etc., font *ânesse, chanoinesse, comtesse,* etc.

Châtain, fat, dispos ne s'emploient qu'au masculin.

Temoin et *grognon* s'emploient au féminin comme au masculin.

78. Les adjectifs en EUR marquant une fonction ou un état ordinairement exercé par des hommes, s'emploient au féminin comme au masculin; tels sont : *Auteur, compositeur, littérateur, orateur, professeur, traducteur.*

FORMATION DU PLURIEL DANS LES ADJECTIFS.

79. Le pluriel se forme en ajoutant s au singulier : *Bon, bons; bonne, bonnes.*

80. Les adjectifs terminés par s ou x au singulier, ne changent pas au pluriel : *Un habit gris, des habits gris, un homme heureux, des hommes heureux.*

81. Les adjectifs terminés par EAU prennent un x au pluriel : *Un beau château, de beaux châteaux.*

82. Les adjectifs terminés par AL changent L en UX au pluriel : *Égal, égaUX ; moral, moraUX.*

Amical, colossal, fatal, final, frugal, glacial, initial, labial, matinal, medial, nasal, naval, pascal, théâtral prennent *s* au pluriel : *Des entretiens amicals, des projets colossals, des moments fatals.*

83. *Bleu* fait *bleus.*

ACCORD DES ADJECTIFS.

84. Les adjectifs s'accordent en genre et en nombre avec les noms auxquels ils se rapportent : *Le bon père, les bons pères; la bonne mère, les bonnes mères.*

85. L'adjectif qui se rapporte à plusieurs noms doit se mettre au pluriel : *Le riche et le pauvre sont égaux devant Dieu*

86. L'adjectif qui se rapporte à des noms de différent genre doit se mettre au masculin : *Le père et la mère sont heureux.*

87. VINGT et CENT prennent *s* quand on parle de plusieurs fois VINGT, ou CENT, et qu'ils sont immédiatement suivi d'un nom exprimé ou sous-entendu : *Quatre-*VINGTS *francs. Trois* CENTS *hommes. On compte quatre-*VINGT-*dix-huit lieues de Paris à Londres, et trois* CENT VINGT *de Paris à Madrid Nous étions quatre-*VINGTS.

88. VINGT et CENT restent invariables quand ils sont employés comme adjectifs ordinaux · *Page quatre-*VINGT. *L'an mil huit* CENT.

89. Pour la date des années on écrit MIL : *Napoléon fut élu empereur en* MIL *huit cent quatre.*

90. Pour désigner le nombre, on écrit MILLE qui ne prend jamais de *s* : *Dix* MILLE *hommes.* MILLE *difficultés se présentent.*

91. Pour désigner une unité de longueur de chemin, on écrit MILLE, qui prend un *s* au pluriel : *En France, on compte par lieues ; en Angleterre, on compte par* MILLES.

92. QUELQUE prend la marque du pluriel quand il signifie plusieurs : *Nous conservons* QUELQUES (*plusieurs*) *travaux des Romains.*

QUELQUES *vains lauriers que promette la guerre* (quoique la guerre promette plusieurs vains lauriers).

93. QUELQUE est invariable quand il ne peut se remplacer par plusieurs : QUELQUE *bons écrivains qu'aient été Boileau et Racine, ils ont cependant fait des fautes de grammaire. J'irai vous voir* QUELQUE *jour, et je passerai* QUELQUES *heures avec vous.*

94. QUELQUE suivi d'un verbe s'écrit en deux mots ; QUEL, QUE ; QUEL est adjectif, et s'accorde avec le sujet du verbe ; QUE est conjonction. QUELS *que soient ses penchants, le sage les surmonte. Votre fortune* QUELLE QU'ELLE *soit, ne vous donne pas le droit de mépriser les autres.*

DES PRONOMS.

95. Les *pronoms* sont des mots qui se mettent à la place des noms pour en épargner la répétition, et en rappeler l'idée : *La terre est ronde ; elle a la forme d'une boule.*

96. On distingue cinq sortes de pronoms, les personnels, les possessifs, les démonstratifs, les conjonctifs, et les indéterminés.

97. Les *pronoms personnels* sont ceux qui désignent les différents rôles des substantifs dans le discours :

98. Le 1er rôle est celui de la personne qui parle.

Le 2e est celui de la personne à qui l'on parle.

Le 3e est celui du substantif dont on parle.

99. Les pronoms personnels sont :

1re pers. sing. *je, me, moi ;* plur. *nous.*

2e pers. sing. *tu, te, toi ;* plur. *vous.*

3e pers. *il, elle, ils, elles ; lui, eux ; le, la, les, leur, se, soi, en, y.*

100. Les *pronoms possessifs* indiquent à qui appartiennent les objets qu'ils représentent.

101. Les pronoms possessifs sont :

Le mien, le tien, le sien, le nôtre, le vôtre, le leur, masc. sing.

La mienne, la tienne, la sienne, la nôtre, la vôtre, la leur, fém. sing.

Les miens, les tiens, les siens, les nôtres, les vôtres, les leurs, masc. pl.

Les miennes, les tiennes, les siennes, les nôtres, les vôtres, les leurs, fém. pl.

102. Les *pronoms démonstratifs* sont ceux qui servent à montrer les substantifs dont on parle : *La ligne verticale est* CELLE *qui suit la direction d'un fil à plomb.*

103. Les pronoms démonstratifs sont :

Ce, celui, celui-ci, celui-là, ceci, cela, au masc. sing.

Celle, celle-ci, celle-là, fém. sing.

Ceux, ceux-ci, ceux là, masc. pl.

Celles, celles-ci, celles-là, fém. pl.

104. Les *pronoms conjonctifs* sont ceux qui lient deux propositions : *Un fleuve est un cours d'eau qui se jette dans la mer.*

105. Les *pronoms conjonctifs* sont : *Qui, que, quoi, dont, duquel, desquels, lequel, laquelle, lesquels, lesquelles, auquel, auxquels, auxquelles, où.*

106. Les *pronoms indéterminés* sont ceux qui représentent les substantifs pris dans une sens vague et général : *Chacun a des devoirs a remplir.*

107. Les pronoms indéterminés sont : *Autrui, chacun, l'un, l'autre, on, quelqu'un, quiconque, rien, tout.*

108. Les pronoms s'accordent en genre et en nombre avec le nom qu'ils représentent : *La religion eleve l'âme;* ELLE *ennoblit les sentiments.*

109. Le pronom qui représente plusieurs noms singuliers, se met au pluriel : *L'ignorance et l'etourderie sont dangereuses;* ELLES *sont les causes de toutes nos fautes.*

110. Le pronom qui représente des noms de différent genre, se met au masculin : *Adam et Eve furent places dans le paradis terrestre;* ILS *en furent chasses à cause de leur desobeissance.*

DES VERBES.

111. Les *verbes* sont les mots qui expriment l'existence, l'état ou l'action des substantifs.

112. Les verbes d'existence sont : *Être, exister.*

113. Les verbes d'état sont : *Sembler, paraître, devenir.*

114. Les verbes d'action sont tous les mots qui expriment une action quelconque; tels que *marcher, ouvrir, voir, rendre, lire, boire.*

115. On connaît qu'un mot est un verbe quand il exprime un état ou une action : *Jouer, marcher; je joue, tu marches,* sont des verbes parce qu'ils expriment une action.

116. Les verbes d'action se divisent en verbes d'action directe, passive, indirecte, réfléchie, et unipersonnelle.

117. Les verbes d'action directe expriment une action qui tombe directement sur un substantif : *Clovis gagna la bataille de Tolbiac.*

118. Un verbe est d'action directe quand il est accompagné d'une réponse aux questions *qui? quoi?* faites après le verbe : *Clovis gagna....* etc. QUOI? *la bataille;* cette réponse indique que *gagna* est un verbe d'action directe.

119. Les verbes d'action passive sont ceux qui expriment une action soufferte par un substantif : *Les Sarrazins furent vaincus par Charles-Martel.*

120. On connaît qu'un verbe est d'action passive en ce qu'on peut le changer en verbe d'action directe : *Rome fut fondee par Romulus; Romulus fonda Rome.*

121. Les verbes d'action directe seuls peuvent devenir verbes d'action passive : *Le soleil eclaire la terre; la terre est eclairee par le soleil.*

122. Les verbes d'action indirecte expriment une action qui tombe indirectement sur un substantif : *Saint-Louis mourut en Afrique.*

123. Un verbe est d'action indirecte quand il n'est pas accompagné de quelques mots répondant aux questions *qui? quoi? Saint-Louis mourut, qui? quoi?* il n'y a pas de réponse, le verbe est d'action indirecte.

124. Les verbes d'action réfléchie expriment une action faite par un substantif sur lui même : *Je me loue, tu te flattes, Paul se fâche.*

125. Les principaux verbes d'action réfléchie sont : *s'abstenir, se désister, s'emparer, s'empresser, s'évanouir, s'immiscer, s'ingérer, se méfier, se moquer, se parjurer, se prosterner, se réfugier, se repentir, se souvenir.*

126. Les verbes d'action réciproque expriment une action faite par plusieurs substantifs l'un sur l'autre : *Ces deux enfants se chérissent.*

127. Les verbes d'action unipersonnelle sont ceux qui n'ont que la 3e pers. du sing. à tous leurs temps : *Il faut, il pleut, il tonne, il neige, il y a, il résulte.*

128. On considère dans les verbes *le sujet, le nombre, la personne, le temps, et le mode.*

129. Le SUJET d'un verbe est le nom, l'individu qui est ou qui agit : *Je suis, tu écris, Charles joue.*

130. On trouve le sujet d'un verbe en faisant avant le verbe la question *qui est-ce qui?* ou *qu'est-ce qui? Emile joue, qui est-ce qui joue? Emile.* Voilà donc le sujet du verbe *joue.*

131. Le NOMBRE est la terminaison que prend le verbe, selon que le sujet est singulier ou pluriel : *Jules lira, les élèves liront.*

132. La PERSONNE est la terminaison que prend le verbe, selon que le sujet est de 1re, de 2e, ou de 3e personne.

Je lirai, est de 1re pers., parce que le sujet *je* est de 1re pers.

Tu liras, est de 2e pers., parce que le sujet *tu* est de 2e pers.

Il lira, est de 3e pers., parce que le sujet *il* est de 3e pers.

133. Le MODE est la manière d'exprimer l'état ou l'action des substantifs.

134. Il y a six modes : *L'infinitif, l'indicatif, le conditionnel, l'impératif, le subjonctif et le participe.*

135. Le TEMPS est la forme que l'on donne au verbe pour exprimer l'instant de l'état ou de l'action d'un substantif : *J'ai lu, je lis, je lirai.*

136. Il y a trois temps principaux : *Le présent, le passé* et *le futur.*

137. On divise les temps des verbes en temps simples, et en temps composés.

138. Les temps simples sont ceux qui sont formés d'un seul verbe : *Je chante, tu lis.*

139. Les temps composés sont ceux qui sont formés de plusieurs verbes : *J'ai chanté, tu as lu.*

140. Les verbes qui servent à former les temps composés sont le verbe *avoir* et le verbe *être.* On les nomme alors verbes auxiliaires.

141. On divise encore les temps des verbes en temps *radicaux* et en temps *dérivés.*

142. Les temps radicaux servent à former les temps **dérivés.**

143. Les temps dérivés sont ceux qui se forment des temps radicaux.

144. Les temps radicaux sont : *Le présent et le passe* de l'indicatif, *le présent et le passe* du participe et le *présent* de l'infinitif.

FORMATION DES TEMPS DÉRIVÉS.

145. Le pluriel du présent de l'indicatif se forme du participe présent en changeant ANT *en* ONS, EZ, ENT : *Donn*ANT , *nous donn*ONS, *vous donn*EZ, *ils donn*ENT.

146. L'imparfait de l'indicatif se forme du participe présent en changeant ANT en AIS, AIS, AIT, IONS, IEZ, AIENT. *Donn*ANT, *je donn*AIS, etc.

147 Les temps composés se forment du verbe être ou du verbe avoir, et du participe passé du verbe que l'on conjugue : *Je suis* VENU, *tu as* DORMI, *ils ont* ÉTUDIÉ.

148. Le futur se forme de l'infinitif en changeant R, OIR OU RE en RAI, RAS, RA, RONS, REZ, RONT : *Donne*R, *je donne*RAI; *fini*R, *tu fini*RAS, etc.

149. Le présent du conditionnel se forme de l'infinitif en changeant R, OIR OU RE en RAIS, RAIT, RIONS, RIEZ, RAIENT : *Donne*R, *je donne*RAIS; *fini*R, *je fini*RAIS; *recevoi*R, *je recevr*AIS; *rend*RE, *je rend*RAIS.

150. L'impératif se forme du présent de l'indicatif en retranchant les pronoms : *Tu lis, lis; nous tenons, tenons; vous lisez, lisez.*

151. Le présent du subjonctif se forme du participe présent en changeant ANT en E, ES, E, IONS, IEZ, ENT : *Donn*ANT, *que je donn*E; *ten*ANT, *que tu tienn*ES.

152. Le présent du subjonctif des verbes terminés en EVOIR, se forme en changeant EVANT en OIVE, OIVES, OIVE, EVIONS, EVIEZ, OIVENT : *D*EVANT, *que je d*OIVE; *rec*EVANT, *que tu reç*OIVES, etc.

153. L'imparfait du subjonctif se forme de la deuxième personne du passé défini, en changeant la dernière lettre en SSE, SSES, T, SSIONS, SSIEZ, SSENT : *Tu aima*S, *que j'aima*SSE; *tu fini*S, *que je finis*SE; *tu rendi*S, *que tu rendi*SSES; *tu lu*S, *qu'il lû*T.

CONJUGAISON DES VERBES.

154. On appelle conjugaison l'ordre dans lequel sont placées les modifications que subit un verbe, selon le nombre, la personne, le mode et le temps.

155. Conjuguer un verbe, c'est l'écrire ou le réciter, en observant les différents changements qu'il doit subir.

156. Il y a quatre conjugaisons, que l'on distingue par la terminaison de l'infinitif.

La 1re a l'infinitif terminé en ER : *Aimer, chanter, parler.*

La 2e a l'infinitif terminé en IR : *Finir, ouvrir, tenir.*

La 3e a l'infinitif terminé en OIR : *Devoir, pouvoir, voir.*

La 4e a l'infinitif terminé en RE : *Dire, lire, rendre.*

CONJUGAISON DES VERBES *AVOIR*, *ÊTRE*, *AIMER*.

Modes.	Temps.	Sujets	VERBES AUXILIAIRES.		1ʳᵉ CONJUG.
			AVOIR.	ÊTRE.	AIMER.
Infinitif.	*Présent*		Avoir.	Etre.	Aimer.
	Passé.		Avoir eu.	Avoir été.	Avoir aimé.
Participe.	*Présent*		Ayant.	Etant.	Aimant.
	Passé.		Eu, eue.	Eté.	Aimé, aimée.
	Passé composé		Ayant eu.	Ayant été.	Ayant aimé.
Indicatif.	*Présent.*	J'	ai.	suis.	aime.
		Tu	as.	es.	aimes.
		Il	a.	est.	aime.
		N.	avons.	sommes.	aimons.
		V.	avez.	êtes.	aimez.
		Ils	ont.	sont.	aiment.
	Imparfait.	J'	avais.	étais.	aimais.
		Tu	avais.	étais.	aimais.
		Il	avait.	était.	aimait.
		N.	avions.	étions.	aimions.
		V.	aviez.	étiez.	aimiez.
		Ils	avaient.	étaient.	aimaient.
	Passé défini.	J'	eus.	fus	aimai.
		Tu	eus.	fus.	aimas.
		Il	eut.	fut.	aima.
		N.	eûmes.	fûmes.	aimâmes.
		V.	eûtes.	fûtes.	aimâtes.
		Ils	eurent.	furent.	aimèrent.
	Passé indéf.	J'	ai eu.	ai été.	ai aimé.
		Tu	as eu.	as été.	as aimé.
		Il	a eu.	a été.	a aimé.
		N.	avons eu.	avons été.	avons aimé.
		V.	avez eu.	avez été.	avez aimé.
		Ils	ont eu.	ont été.	ont aimé.
	Passé antérieur.	J'	eus eu.	eus été.	eus aimé.
		Tu	eus eu	eus été.	eus aimé.
		Il	eut eu.	eut été.	eut aimé.
		N.	eûmes eu.	eûmes été.	eûmes aimé.
		V.	eûtes eu.	eûtes été.	eûtes aimé.
		Ils	eurent eu.	eurent été.	eurent aimé.

Modes.	Temps.	Sujets	VERBES AUXILIAIRES.		1re CONJUG.
			AVOIR.	ÊTRE.	AIMER.
	Plus-que-parfait.	J'	avais eu.	avais été.	avais aimé.
		Tu	avais eu.	avais été.	avais aimé.
		Il	avait eu.	avait été.	avait aimé.
		N.	avions eu.	avions été.	avions aimé.
		V.	aviez eu.	aviez été.	aviez aimé.
		Ils	avaient eu.	avaient été.	avaient aimé.
Indicatif.	Futur.	J'	aurai.	serai.	aimerai.
		Tu	auras.	seras.	aimeras.
		Il	aura.	sera.	aimera.
		N.	aurons.	serons.	aimerons.
		V.	aurez.	serez.	aimerez.
		Ils	auront.	seront.	aimeront.
	Futur antérieur.	J'	aurai eu.	aurai été.	aurai aimé.
		Tu	auras eu.	auras été.	auras aimé.
		Il	aura eu.	aura été.	aura aimé.
		N.	aurons eu.	aurons été.	aurons aimé.
		V.	aurez eu.	aurez été.	aurez aimé.
		Ils	auront eu.	auront été.	auront aimé.
	Présent.	J'	aurais.	serais.	aimerais.
		Tu	aurais.	serais.	aimerais.
		Il	aurait.	serait.	aimerait.
		N.	aurions.	serions.	aimerions.
		V.	auriez.	seriez.	aimeriez.
		Ils	auraient.	seraient.	aimeraient.
Conditionnel.	Passé.	J'	aurais eu.	aurais été.	aurais aimé.
		Tu	aurais eu.	aurais été.	aurais aimé.
		Il	aurait eu.	aurait été.	aurait aimé.
		N.	aurions eu.	aurions été.	aurions aimé.
		V.	auriez eu.	auriez été.	auriez aimé.
		Ils	auraient eu	auraient été.	auraient aimé
	2e Passé.	J'	eusse eu.	eusse été.	eusse aimé.
		Tu	eusses eu.	eusses été.	eusses aimé.
		Il	eût eu.	eût été.	eût aimé.
		N.	eussions eu	eussions été.	eussions aimé.
		V.	eussiez eu.	eussiez été.	eussiez aimé.
		Ils	eussent eu.	eussent été.	eussent aimé.

Modes.	Temps.	Sujets	AVOIR.	ÊTRE.	1re CONJUG. AIMER.
Impératif.	Présent.		Aie.	Sois.	Aime.
			Ayons.	Soyons.	Aimons.
			Ayez.	Soyez.	Aimez.
Subjonctif.	Présent.	Que j'aie.		sois.	aime.
		Q. tu aies.		sois.	aimes.
		Q. il ait.		soit.	aime.
		Q. n. ayons.		soyons.	aimions.
		Q. v. ayez.		soyez.	aimiez.
		Q. ils aient.		soient.	aiment.
	Imparfait.	Q. j' eusse.		fusse.	aimasse.
		Q. tu eusses.		fusses.	aimasses.
		Q. il eût.		fût.	aimât.
		Q. n. eussions.		fussions.	aimassions.
		Q. v. eussiez.		fussiez.	aimassiez.
		Q. ils eussent.		fussent.	aimassent.
	Passé.	Q. j' aie eu.		aie été.	aie aimé.
		Q. tu aies eu.		aies été.	aies aimé.
		Q. il ait eu.		ait été.	ait aimé.
		Q. n. ayons eu.		ayons été.	ayons aimé.
		Q. v. ayez eu.		ayez été.	ayez aimé.
		Q. ils aient eu.		aient été.	aient aimé.
	Plus-que-parfait.	Q. j' eusse eu.		eusse été.	eusse aimé.
		Q. tu eusses eu.		eusses été.	eusses aimé.
		Q. il eût eu.		eût été.	eût aimé.
		Q. n. eussions eu.		eussions été.	eussions aimé.
		Q. v. eussiez eu.		eussiez été.	eussiez aimé.
		Q. ils eussent eu.		eussent été.	eussent aimé.

			2e CONJUG. UNIR.	3e CONJUG. RECEVOIR.	4e CONJUG. RENDRE.
Infinitif.	Présent		Unir.	Recevoir.	Rendre.
	Passé.		Avoir uni.	Avoir reçu.	Avoir rendu.
Participe.	Présent		Unissant.	Recevant.	Rendant.
	Passé.		Uni, unie.	Reçu, reçue.	Rendu, rendue.
	Passé composé		Ayant uni.	Ayant reçu.	Ayant rendu.

Modes.	Temps.	Sujets	2e CONJUG. UNIR.	3e CONJUG. RECEVOIR.	4e CONJUG. RENDRE.
Indicatif.	Present.	J'	unis.	reçois.	rends.
		Tu	unis.	reçois.	rends.
		Il	unit.	reçoit.	rend.
		N.	unissons.	recevons.	rendons.
		V.	unissez.	recevez.	rendez.
		Ils	unissent.	reçoivent.	rendent.
	Imparfait	J'	unissais.	recevais.	rendais.
		Tu	unissais.	recevais.	rendais.
		Il	unissait.	recevait.	rendait.
		N.	unissions.	recevions.	rendions.
		V.	unissiez.	receviez.	rendiez.
		Ils	unissaient.	recevaient.	rendaient.
	Passé defini.	J'	unis.	reçus.	rendis.
		Tu	unis.	reçus.	rendis.
		Il	unit.	reçut	rendit.
		N.	unîmes.	reçûmes	rendîmes
		V.	unîtes.	reçûtes.	rendîtes.
		Ils	unirent.	reçurent	rendirent
	Passé indéf.	J'	ai uni.	ai reçu.	ai rendu.
		Tu	as uni.	as reçu.	as rendu.
		Il	a uni.	a reçu.	a rendu.
		N.	avons uni.	avons reçu.	avons rendu.
		V.	avez uni.	avez reçu.	avez rendu.
		Ils	ont uni.	ont reçu.	ont rendu.
	Passé antérieur.	J'	eus uni.	eus reçu.	eus rendu.
		Tu	eus uni.	eus reçu.	eus rendu.
		Il	eut uni.	eut reçu.	eut rendu.
		N.	eûmes uni.	eûmes reçu.	eûmes rendu
		V.	eûtes uni.	eûtes reçu.	eûtes rendu.
		Ils	eurent uni.	eurent reçu.	eurent rendu
	Plus-que parfait.	J'	avais uni.	avais reçu.	avais rendu.
		Tu	avais uni.	avais reçu.	avais rendu.
		Il	avait uni	avait reçu.	avait rendu.
		N.	avions uni.	avions reçu.	avions rendu.
		V.	aviez uni.	aviez reçu.	aviez rendu.
		Ils	avaient uni.	avaient reçu.	avaient rendu.

Modes.	Temps.	Sujets	2ᵉ CONJUG. UNIR.	3ᵉ CONJUG. RECEVOIR.	4ᵉ CONJUG. RENDRE.
Indicatif.	*Futur.*	J'	unirai.	recevrai.	rendrai.
		Tu	uniras.	recevras.	rendras.
		Il	unira.	recevra.	rendra.
		N.	unirons.	recevrons.	rendrons.
		V.	unirez.	recevrez.	rendrez.
		Ils	uniront.	recevront.	rendront.
	Futur antérieur.	J'	aurai uni.	aurai reçu.	aurai rendu.
		Tu	auras uni.	auras reçu.	auras rendu.
		Il	aura uni.	aura reçu.	aura rendu.
		N.	aurons uni.	aurons reçu.	aurons rendu.
		V.	aurez uni.	aurez reçu.	aurez rendu.
		Ils	auront uni.	auront reçu.	auront rendu.
Conditionnel.	*Présent.*	J'	unirais.	recevrais.	rendrais.
		Tu	unirais.	recevrais.	rendrais.
		Il	unirait.	recevrait.	rendrait.
		N.	unirions.	recevrions.	rendrions.
		V.	uniriez.	recevriez.	rendriez.
		Ils	uniraient.	recevraient.	rendraient.
	Passé.	J'	aurais uni.	aurais reçu.	aurais rendu.
		Tu	aurais uni.	aurais reçu.	aurais rendu.
		Il	aurait uni.	aurait reçu.	aurait rendu.
		N.	aurions uni.	aurions reçu.	aurions rendu.
		V.	auriez uni.	auriez reçu.	auriez rendu.
		Ils	auraient uni	auraient reçu	auraient rendu
	2ᵉ Passé.	J'	eusse uni.	eusse reçu.	eusse rendu.
		Tu	eusses uni.	eusses reçu.	eusses rendu.
		Il	eût uni.	eût reçu.	eût rendu.
		N.	eussions uni	eussions reçu	eussions rendu
		V.	eussiez uni.	eussiez reçu.	eussiez rendu.
		Ils	eussent uni.	eussent reçu.	eussent rendu.
Impératif.	*Présent.*		Unis.	Reçois.	Rends.
			Unissons.	Recevons.	Rendons.
			Unissez.	Recevez.	Rendez.

Modes.	Temps.	Sujets	2e CONJUG. UNIR.	3e CONJUG. RECEVOIR.	4e CONJUG. RENDRE.
Subjonctif.	Présent.		Que j'unisse.	reçoive.	rende.
			Q. tu unisses.	reçoives.	rendes.
			Q. il unisse.	reçoive.	rende.
			Q. n. unissions.	recevions.	rendions.
			Q. v. unissiez.	receviez.	rendiez.
			Q. ils unissent.	reçoivent.	rendent.
	Imparfait.		Q. j' unisse.	reçusse.	rendisse.
			Q. tu unisses.	reçusses.	rendisses.
			Q. il unît.	reçût.	rendît.
			Q. n. unissions.	reçussions.	rendissions
			Q. v. unissiez.	reçussiez.	rendissiez.
			Q. ils unissent.	reçussent.	rendissent.
	Passé.		Q. j' aie uni.	aie reçu.	aie rendu.
			Q. tu aies uni.	aies reçu.	aies rendu.
			Q. il ait uni.	ait reçu.	ait rendu.
			Q. n. ayons uni.	ayons reçu.	ayons rendu.
			Q. v. ayez uni.	ayez reçu.	ayez rendu.
			Q. ils aient uni.	aient reçu.	aient rendu.
	Plus-que-parfait.		Q. j' eusse uni.	eusse reçu.	eusse rendu
			Q. tu eusses uni.	eusses reçu.	eusses rendu.
			Q. il eût uni.	eût reçu.	eût rendu.
			Q. n eussions uni	eussions reçu	eussions rendu
			Q. v. eussiez uni.	eussiez reçu.	eussiez rendu.
			Q. ils eussent uni.	eussent reçu.	eussent rendu.

On emploie quelquefois à l'indicatif un passé *antérieur indéfini* : *J'ai eu aime, tu as eu aime, il a eu aime, nous avons eu aime, vous avez eu aime, ils ont eu aime.*

Cependant ce temps n'existe pas dans les verbes *être* et *avoir*.

CONJUGAISON DES VERBES D'ACTION PASSIVE, INDIRECTE, RÉFLÉCHIE ET UNIPERSONNELLE.

157. Pour conjuguer un verbe d'action passive, il suffit de joindre le participe passé d'un verbe d'action directe à tous les temps du verbe ÊTRE : *Je suis aime, tu es aimé, il est aimé* ou *elle est aimée*, etc.

158. Les verbes d'action indirecte se conjuguent comme le modèle de la conjugaison à laquelle ils appartiennent. *Parler* se conjugue comme *chanter*, *obeir* comme *unir*.

159. La plupart des verbes d'action indirecte forment leurs temps composés à l'aide du verbe AVOIR : *J'ai agi, tu avais dormi.*

160. Les verbes *aller, mourir, naître, venir, devenir, revenir, survenir,* ne forment leurs temps composés qu'à l'aide du verbe ÊTRE : *J'ai été, je suis mort, tu es né, il est venu, nous sommes revenus.*

161. Les verbes d'action réfléchie se conjuguent comme le verbe modèle de la conjugaison à laquelle ils appartiennent : *Se moquer* se conjugue sur *chanter*, *s'abstenir* sur *unir*, etc.; *je m'abstiens, tu t'abstiens, il s'abstient,* etc.

162. Le verbe *être* seul sert à former les temps composés des verbes pronominaux : *Je me suis abstenu, tu t'es abstenu, il s'est abstenu,* etc.

TABLEAU DES TEMPS RADICAUX
DES VERBES IRRÉGULIERS.

PREMIÈRE CONJUGAISON.

PRÉSENT de L'INFINITIF.	PARTICIPE PRÉSENT.	PARTICIPE PASSÉ.	PRÉSENT de L'INDICATIF.	PASSÉ DÉFINI.
Aller.	Allant.	Allé.	Je vais.	J'allai.
Envoyer.	Envoyant.	Envoyé.	J'envoie.	J'envoyai.

SECONDE CONJUGAISON.

PRÉSENT de L'INFINITIF.	PARTICIPE PRÉSENT.	PARTICIPE PASSÉ.	PRÉSENT de L'INDICATIF.	PASSÉ DÉFINI.
Bouillir.	Bouillant.	Bouilli.	Je bous.	Je bouillis.
Dormir.	Dormant.	Dormi.	Je dors.	Je dormis.
Faillir.	Faillant.	Failli.	. . . . .	Je faillis.
Fuir.	Fuyant.	Fui.	Je fuis.	Je fuis.
Mentir.	Mentant.	Menti.	Je mens.	Je mentis.
Offrir.	Offrant.	Offert.	J'offre.	J'offris.
Ouvrir.	Ouvrant.	Ouvert.	J'ouvre.	J'ouvris.
Partir.	Partant.	Parti.	Je pars.	Je partis.
Sentir.	Sentant.	Senti.	Je sens.	Je sentis.
Sortir.	Sortant.	Sorti.	Je sors.	Je sortis.
Tressaillir.	Tressaillant	Tressailli.	Je tressaille	Je tressaillis
Vêtir.	Vêtant.	Vêtu.	Je vêts.	Je vêtis.
Acquérir.	Acquérant.	Acquis.	J'acquiers.	J'acquis.
Courir.	Courant.	Couru.	Je cours.	Je courus.
Cueillir.	Cueillant.	Cueilli.	Je cueille.	Je cueillis.
Mourir.	Mourant.	Mort.	Je meurs.	Je mourus.
Tenir.	Tenant.	Tenu.	Je tiens.	Je tins.
Venir.	Venant.	Venu.	Je viens.	Je vins.

TROISIÈME CONJUGAISON.

PRÉSENT de L'INFINITIF.	PARTICIPE PRÉSENT.	PARTICIPE PASSÉ.	PRÉSENT de L'INDICATIF.	PASSÉ DÉFINI.
Choir.	. . . .	. . . .	. . . .	. . . .
Pleuvoir.	Pleuvant.	Plu.	Il pleut.	Il plut.
Pourvoir.	Pourvoyant	Pourvu.	Je pourvois.	Je pourvus.
' Déchoir.	. . . .	Déchu.	Je déchois.	Je déchus.
' Echoir.	Echéant.	Échu.	J'échois	J'échus.
' Falloir.	. . . .	Fallu.	Il faut.	Il fallut.
' Mouvoir.	Mouvant.	Mu.	Je meus.	Je mus.
' Pouvoir.	Pouvant.	Pu.	Je peux.	Je pus.
' Savoir.	Sachant.	Su.	Je sais.	Je sus.
' Prévaloir.	Prévalant.	Prévalu.	Je prévaux.	Je prévalus.
' S'asseoir.	S'asseyant.	Assis.	Je m'assieds	Je m'assis.
' Valoir.	Valant.	Valu.	Je vaux.	Je valus.
' Voir.	Voyant.	Vu.	Je vois.	Je vis.
' Vouloir.	Voulant.	Voulu.	Je veux.	Je voulus.

QUATRIÈME CONJUGAISON.

PRÉSENT de L'INFINITIF.	PARTICIPE PRÉSENT.	PARTICIPE PASSÉ.	PRÉSENT de L'INDICATIF.	PASSÉ DÉFINI.
Battre.	Battant.	Battu.	Je bats.	Je battis.
Absoudre.	Absolvant.	Absous.	J'absous.	. . . .
Résoudre.	Résolvant.	Résolu.	Je résous.	Je résolus.
Braire.	. . . .	. . . .	Il brait.	. . . .
Bruire.	Bruyant.	. . . .	. . . .	. . . .
Circoncire.	Circoncisant	Circoncis.	Je circoncis	Je circoncis
Clore.	. . . .	Clos.	Je clos.	. . . .
Conclure.	Concluant.	Conclu.	Je conclus.	Je conclus.
Confire.	Confisant.	Confit.	Je confis.	Je confis.
Coudre.	Cousant.	Cousu.	Je couds.	Je cousis.
Croire.	Croyant.	Cru.	Je crois.	Je crus.
Maudire.	Maudissant.	Maudit.	Je maudis.	Je maudis.
Croître.	Croissant.	Crû.	Je crois.	Je crus.
Eclore.	. . . .	Éclos.	Il éclot.	. . . .
Ecrire.	Écrivant.	Ecrit.	J'écris.	J'écrivis.
Exclure.	Excluant.	Exclu.	J'exclus.	J'exclus.
Joindre.	Joignant.	Joint.	Je joins.	Je joignis.
Lire.	Lisant.	Lu.	Je lis.	Je lus.
Luire.	Luisant.	Lui.	Je luis.	. . . .
Mettre.	Mettant.	Mis.	Je mets.	Je mis.
Moudre	Moulant.	Moulu.	Je mouds.	Je moulus.
Naître.	Naissant.	Né.	Je nais.	Je naquis.
Nuire.	Nuisant.	Nui.	Je nuis.	Je nuisis.
Répondre.	Répondant.	Répondu.	Je réponds.	Je répondis.
Rire.	Riant.	Ri.	Je ris.	Je ris.
Rompre.	Rompant.	Rompu.	Je romps.	Je rompis.

GRAMMAIRE

QUATRIÈME CONJUGAISON.

PRÉSENT de L'INFINITIF.	PARTICIPE PRÉSENT.	PARTICIPE PASSÉ.	PRÉSENT de L'INDICATIF.	PASSÉ DÉFINI.
Suffire.	Suffisant.	Suffi.	Je suffis.	Je suffis.
Suivre.	Suivant.	Suivi.	Je suis.	Je suivis.
Traire.	Trayant.	Trait.	Je trais.	. . . .
Vivre.	Vivant.	Vécu.	Je vis.	Je vécus.
* Boire.	Buvant.	Bu.	Je bois.	Je bus.
* Dire.	Disant.	Dit.	Je dis.	Je dis.
* Faire.	Faisant.	Fait.	Je fais.	Je fis.
* Prendre.	Prenant.	Pris.	Je prends.	Je pris.
* Vaincre.	Vainquant.	Vaincu.	Je vaincs.	Je vainquis.

Les verbes précédés d'un astérisque sont irréguliers dans la formation de quelques temps dérivés. Voir les remarques qui suivent.

REMARQUE. Lorsqu'un temps radical manque, tous les temps dérivés qui en dépendent manquent aussi. Par exemple, le verbe *absoudre*, qui n'a point de passé défini, n'a point d'imparfait du subjonctif.

REMARQUES SUR LES VERBES IRRÉGULIERS DANS LA FORMATION DE LEURS TEMPS DÉRIVÉS.

163 ALLER...

Indic. prés. Je vais, tu vas, il va, nous allons, vous allez, ils vont.

Passé indef. J'ai été, tu as été, il a été, nous avons été, ils ont été, pour marquer le retour : *J'ai été ce matin à la Messe.* Il est allé, ils sont allés, pour exprimer que les personnes sont encore en voyage : *Ma sœur est allée à la ville.*

Passé déf. J'allai, tu allas, il alla, etc., et non pas : Je fus, tu fus, etc.

Passé ant. J'eus été, tu eus été, il eut été, ou il fut allé; nous eûmes été, vous eûtes été, ils eurent été, ou ils furent allés. Les autres temps composés se conjuguent à volonté avec *être* ou *avoir*.

Futur... J'irai, tu iras, il ira, etc.

Impératif. Va, allons, allez.

Subj. prés. Que j'aille, que tu *ailles*, qu'il *aille*, que nous allions, que vous alliez, qu'ils *aillent*.

164. ENVOYER. *Futur* . . . J'enverrai, tu enverras, etc.

165. ACQUÉRIR
Ind. prés. J'acquiers, tu acquiers, il acquiert, nous acquérons, vous acquérez, ils *acquièrent*.
Futur . . . J'acquerrai, tu acquerras, etc.
Subj. prés. Que j'acquière, que tu acquières, qu'il acquière, que nous acquérions, que vous acquériez, qu'ils *acquièrent*.

166. COURIR . . *Futur* . . . Je courrai, tu courras, etc.

167. MOURIR . .
Indic. prés. Je meurs, tu meurs, il meurt, nous mourons, vous mourez, ils *meurent*.
Futur . . . Je mourrai, tu mourras, etc.
Subj. prés. Que je *meure*, que tu *meures*, qu'il *meure*, que nous mourions, que vous mouriez, qu'ils *meurent*.

168. TENIR . . .
Indic. prés. Je tiens, tu tiens, il tient, nous tenons, vous tenez, ils *tiennent*.
Futur . . . Je *tiendrai*, tu *tiendras*, etc.
Subj. prés. Que je *tienne*, que tu *tiennes*, qu'il *tienne*, que nous tenions, que vous teniez, qu'ils *tiennent*

169. TRESSAILLIR. *Futur* . . Je *tressaillirai*, tu *tressailliras*, etc.

170 VENIR . .
Indic. prés. Je viens, tu viens, il vient, nous venons, vous venez, ils *viennent*.
Futur . . . Je *viendrai*, tu *viendras*, etc.
Subj. prés. Que je *vienne*, que tu *viennes*, qu'il *vienne*, que nous venions, que vous veniez, qu'ils *viennent*.

171. DÉCHOIR. *Futur* . . . Je decherrai, tu decherras, etc.

172 ÉCHOIR. *Futur* . . . J'écherrai, tu écherras, etc.

173 FALLOIR.
Futur . . . Il *faudra*.
Subj. prés. Qu'il *faille*; quoi qu'il n'ait pas de participe présent.

174 MOUVOIR.
Indic. prés. Je meus, tu meus, il meut, nous mouvons, vous mouvez, ils *meuvent*.
Subj. prés. Que je *meuve*, que tu *meuves*, qu'il *meuve*, que nous mouvions, que vous mouviez, qu'ils *meuvent*.

175. POUVOIR.
Indic. prés. Je peux ou je puis, tu peux, il peut, nous pouvons, vous pouvez, ils *peuvent*.
Futur . . . Je *pourrai*, tu *pourras*, etc.
Subj. prés. Que je *puisse*, que tu *puisses*, etc.

176. Prévaloir { Comme *valoir*, excepté :

Subj. prés. Que je prévale, que tu prévales, qu'il prévale, que nous prévalions, que vous prévaliez, qu'ils prévalent.

177 S'asseoir {

Indic. prés. Je m'assieds, tu t'assieds, il s'assied, nous nous asseyons, vous vous asseyez, ils s'asseient.

Futur . . . Je m'assiérai, tu *t'assiéras*, ou je *m'asscierai*, etc.

Subj. prés. Que je m'asseie, que tu t'asseies, etc.

178 Savoir.. {

Indic. prés. Je sais, tu sais, il sait, nous savons, vous *savez*, ils *savent*.

Imparfait. Je *savais*, tu *savais*, etc.

Futur . . . Je *saurai*, tu *sauras*, etc.

Impératif. Sache, *sachons*, *sachez*.

179. Valoir.. {

Indic. prés. Je vaux, tu vaux, il vaut, nous valons, vous valez, ils valent.

Futur . . . Je vaudrai, tu vaudras, etc.

Subj. prés. Que je *vaille*, que tu *vailles*, qu'il *vaille*, que nous valions, que vous valiez, qu'ils *vaillent*.

180 Voir . . . *Futur* . . . Je *verrai*, tu *verras*, etc.

181. Vouloir. {

Indic. prés. Je veux, tu veux, il veut, nous voulons, vous voulez, ils *veulent*.

Futur . . . Je *voudrai*, tu *voudras*, etc.

Subj. prés. Que je *veuille*, que tu *veuilles*, qu'il *veuille*, que nous voulions, que vous vouliez, qu'ils *veuillent*.

182 Boire... {

Indic. prés. Je bois, tu bois, il boit, nous buvons, vous buvez, ils *boivent*.

Subj. prés. Que je *boive*, que tu *boives*, qu'il *boive*, que nous buvions, que vous buviez, qu'ils *boivent*.

183. Dire . . . {

Indic. prés. Je dis, tu dis, il dit, nous disons, vous dites, ils disent.

Redire se conjugue comme *dire* : Contredire, se dédire, interdire, médire, prédire font, à la 2e personne pluriel, vous *contredisez*, vous vous *dédisez*, vous *interdisez*, vous *médisez*, vous *prédisez*.

184. Faire... {

Indic. prés. Je fais, tu fais, il fait, nous faisons, vous *faites*, ils *font*.

Futur . . . Je ferai, tu feras, etc.

Subj. prés. Que je *fasse*, que tu *fasses*, qu'il *fasse*, que nous *fassions*, etc.

185. **PRENDRE.** *Indic prés.* Je prends, tu prends, il prend, nous prenons, vous prenez, ils *prennent.*
Subj. prés. Que je *prenne*, que tu *prennes*, qu'il *prenne*, que nous prenions, que vous preniez, qu'ils *prennent.*

186. **VAINCRE.** *Indic. prés.* Je vaincs, tu vaincs, il vainc, nous vainquons, vous vainquez, ils vainquent.

COMPLÉMENTS DES VERBES.

187. On appelle compléments des verbes les mots qui en complètent le sens : *J'aime* L'ÉTUDE. *Je crois* QU'IL VIENDRA.

188. Il y a deux sortes de compléments, le complément direct et le complément indirect.

189. Le complément direct est le mot ou la proposition qui complète directement l'action exprimée par le verbe : *On craint* LES CURIEUX ; *on déteste* LES INDISCRETS.

190. Le complément indirect est le mot qui complète indirectement l'action que le verbe exprime : *Louis XIV monta sur* LE TRÔNE *en* 1643, *à* L'AGE *de cinq ans.*

191. Les verbes d'action directe peuvent avoir les deux sortes de compléments : *Clovis reçut* LE BAPTÊME *après* LA BATAILLE *de Tolbiac.*

192. Les verbes d'action indirecte ne peuvent avoir que le complément indirect : *Charles VI tomba en* DÉMENCE *à* L'AGE *de 24 ans.*

193. Les verbes d'action passive n'ont que le complément indirect : cependant, on peut dire que le mot qui paraît être le sujet de ces verbes en est le véritable complément direct : *Henri II* FUT TUÉ *d'un* COUP *de lance, en* COURANT *dans un* TOURNOI *contre le* COMTE DE MONTGOMMERI.

194. Les verbes essentiellement réfléchis ont toujours pour complément direct le pronom qui suit le sujet, mais néanmoins ce pronom ne peut être séparé du verbe.

195. Les verbes unipersonnels n'ont jamais de complément direct ; le mot ou la proposition qui les suit en est le véritable sujet : *Il faut obliger tout le monde*, signifie : *Obliger tout le monde faut*

REMARQUES SUR L'ORTHOGRAPHE DE QUELQUES VERBES.

196. On ajoute un s aux deuxièmes personnes du singulier de l'impératif des verbes de la première conjugaison, et de ceux de la seconde, qui ont la syllabe finale muette, quand cette syllabe est suivie de l'un des *pronoms* EN, Y, pourvu que ces pronoms soient compléments du verbe qui les précède : *Va à la ville ; achette des oranges, et donnes-en à ces enfants. On te demande en bas ; vas-y promptement. Tes affaires réclament tes soins ; va y mettre ordre. Puisque tu aimes la campagne, va y demeurer.*

197. Les verbes terminés par *ger* prennent *e* après le *g*, devant *a, o*. par euphonie : *Il jugea, nous mangeons.*

198. Les verbes terminés par *crer, cter* à l'infinitif changent l'é fermé en un è grave devant une voyelle muette : *Tolérer, je tolère, nous tolérerons; opérer, il opère, ils opéreront.*

199. Les verbes de la première conjugaison qui ont la dernière syllabe précédée d'un *e* muet, changent cet *e* muet en un *è* grave avant une syllabe muette : *Mener, je mène; lever, tu lèveras.*

200. Les verbes terminés par *eler, eter* à l'infinitif doublent la lettre *l* ou *t* avant une voyelle muette : *Jeter, je jette, je jetterai; ils jettent, ils jetteront; appeler, tu appelles, tu appelleras. Geler, peler* font *je gèle, tu pèles.*

201. Les verbes *tenir, venir, prendre*, et leurs composés doublent la lettre *n* avant une voyelle muette : *Que je tienne, que tu viennes, qu'ils appartiennent.*

202. Les verbes terminés par *yant* au participe présent changent *y* en *i* simple avant une voyelle muette : *Je paie, ils appuient, que je voie, que tu voies.*

203. Les verbes terminés au participe présent par *iant* ou par *yant* ont deux *i*, ou un *i* après *y* aux deux 1res pers. plur. de l'imp de l'ind. et du prés. du subj., parce que ces personnes se forment en changeant *ant* en *ions, iez* : *Hier, nous croyions, vous croyiez. Il faut que nous priions, que vous priiez*

204. Les verbes de la première conjugaison conservent au futur de l'indicatif et au présent du conditionnel l'*e* du radical infinitif · *Je lierai, tu plieras.*

205. Les verbes *créer, récréer, agréer* ont deux *e* finals au singulier du présent de l'indicatif et au futur du même mode, à l'impératif, au présent du subjonctif et au passé du participe masculin : *Je crée, tu créeras, il créerait*, etc. Le passé féminin du participe de ces verbes prend trois *e* : *Une entreprise nouvellement* CRÉÉE.

206. Les participes présents des verbes en *guer* perdent l'*u* quand on les emploie comme noms ou adjectifs : *Un intrigant, un métier fatigant.*

207. Les participes présents des verbes en *quer* changent *qu* en *c* quand on les emploie comme noms ou adjectifs : *Un fabricant.*

208. HAÏR prend un tréma sur l'*i* dans toute la conjugaison, excepté au singulier de l'indicatif et de l'impératif : *Je hais, tu hais, il hait; hais, je haïrai.*

Le tréma remplace l'accent circonflexe dans ce verbe.

209. FLEURIR fait *florissait* à l'imparfait de l'indicatif et *florissant* au participe présent, quand on parle de la prospérité d'une ville, d'un commerce, des sciences, etc. : *Marseille était déjà* FLORISSANTE *quand Jules-César conquit les Gaules.*

210. Dans les verbes en *cer* et en *cevoir* à l'infinitif, on met une cédille sous le *c* avant *a, o, u* : *Je plaçai, tu reçus, nous menaçons.*

211. S'ENALLER s'écrit à l'impératif : *Va-t'en, allons-nous-en.*

212. La 3me pers. sing. du prés. de l'indic. des verbes terminés à l'infinitif par *indre* ou par *soudre*, se termine par *t* · *Il peint, il* craint, *il joint*, *il résout*, *il absout*. Ces mêmes verbes perdent *d* à la 1re et à la 2me pers. · *Je peins, tu resous.*

ACCORD DES VERBES.

213. Le verbe s'accorde en nombre et en personne avec son sujet : *La poésie égaie, orne, élève, embellit, agrandit toutes choses.*

214. Le verbe qui a plusieurs sujets se met au pluriel : *Patience et succès* MARCHENT *toujours ensemble.*

L'ambition, l'amour, l'avarice et la haine DOMINENT *les hommes.*

215. Quand les sujets sont placés par gradation ou séparés par des virgules, le verbe s'accorde avec le plus proche : *Ce sacrifice, vos intérêts, votre honneur, votre salut même l'exige.*

216. Lorsque les sujets sont unis par la conjonction OU, le verbe s'accorde avec le dernier : *Notre salut ou notre perte* SERA *le résultat de notre conduite.*

217. Si les sujets sont de différentes personnes, le verbe se met au pluriel, et à la personne qui a la priorité :

Toi ou moi ferons ce voyage.

Toi ou lui obtiendrez cette récompense.

218. Lorsque les sujets sont suivis d'un des pronoms indéterminés *aucun, chacun, nul, personne, rien, tout,* le verbe reste au singulier : *Grands et petits, riches et pauvres,* PERSONNE *ne peut se soustraire à la mort.*

219. Le verbe qui a plusieurs sujets unis par une conjonction comparative s'accorde avec le premier : *Cette bataille, comme tant d'autres, ne* DÉCIDA *de rien.*

220. L'UN ET L'AUTRE veulent le verbe au pluriel : *L'un et l'autre avant lui* S'ÉTAIENT *plaints de la rime.*

221. Le verbe *être* précédé du pronom CE ne doit se mettre au pluriel que quand il a pour attribut un nom ou un pronom de troisième personne plurielle : C'EST *moi,* C'EST *toi,* C'EST *lui,* C'EST *nous,* C'EST *vous, ce* SONT EUX, *ce* SONT *vos* AMIS. C'EST *lui et son frère.*

222. Le verbe qui a pour sujet un collectif général, s'accorde avec ce collectif : L'ARMÉE *des Sarrasins fut* DÉTRUITE.

223. Le verbe qui a pour sujet un collectif partitif s'accorde avec le nom qui suit le collectif :

BEAUCOUP DE PERSONNES VEULENT *s'instruire, mais peu en* PRENNENT *les moyens.*

224. Lorsqu'un verbe a pour sujet le pronom QUI, précédé d'un nom ou d'un autre pronom, le verbe se met à la personne et au nombre du nom ou du premier nom : C'est MOI QUI ai parlé, c'est TOI QUI as chanté, c'est LUI QUI est venu. *Nous étions deux qui vous portions intérêt.*

ORTHOGRAPHE DES PARTICIPES.

225. Les adjectifs verbaux s'accordent avec le nom auquel ils se rapportent : *Des hommes obligeants, des enfants obéissants, des femmes* *charmantes. Les torrents contenus, les fleuves diriges, resserrés; la mer reconnue, traversee.*

226. Le participe présent exprime l'action, et reste invariable : *Des hommes obligeant leurs semblables, des femmes charmant leurs maris par leur douceur, des enfants obeissant à leurs parents.*

227. Le mot en ANT est adjectif verbal quand il exprime l'état ou la qualité d'un substantif : *Ces dames sont charmantes, gaies, complaisantes.*

Une règle EMBARRASSANTE.

Ces portraits sont PARLANTS.

On voyait sur la côte des mâts et des cordages FLOTTANTS.

Les feuilles DÉGOUTTANTES de rosée.

Voyez sa figure RUISSELANTE de sueur.

Une dame ÉCLATANTE de beauté.

Nous visiterons Paris et les villes ENVIRONNANTES.

Si des beaux jours NAISSANTS, on chérit les prémices,

Les beaux jours EXPIRANTS ont aussi leurs délices.

La commission SÉANTE à Évreux se réunira le 1ᵉʳ septembre.

J'ai mesuré deux pièces de terre DÉPENDANTES de la ferme du Plessis, APPARTENANTES à M. Leroy.

A Mesdames Desnoyers DEMEURANTES à Paris *.

228. On connaît qu'un mot en ANT est participe présent, quand il a un complément direct, ou qu'il est précédé de la préposition EN, exprimée ou sous-entendue. Il n'y a de difficulté que lorsqu'il est accompagné seulement d'un complément indirect; c'est alors qu'il faut examiner attentivement s'il exprime l'état ou l'action

Cette réflexion EMBARRASSANT notre homme.

C'est en ÉCOUTANT beaucoup, et en PARLANT peu qu'un jeune homme s'instruit.

Il aperçut des mâts et des cordages FLOTTANT vers la côte.

On voyait la rosée DÉGOUTTANT des feuilles.

On voyait la sueur RUISSELANT sur son visage.

Nous entendions les bombes ÉCLATANT avec fracas, et PORTANT au loin la mort.

Nous visiterons Versailles et les autres villes ENVIRONNANT Paris

Comment se peut-il que, NAISSANT dans les larmes, VIVANT dans les chagrins, EXPIRANT dans les douleurs, les hommes trouvent encore le temps de se persécuter.

La commission d'examen SÉANT (ou siégeant) sous la présidence de M .., les examens seront plus rigoureux.

Ces biens APPARTENANT à mon ami, je veillerai à leur conservation

Vos sœurs DEMEURANT loin d'ici, ne peuvent venir vous voir souvent **.

* Dans ces exemples, les mots en *ant* expriment une manière d'être constante et habituelle des substantifs dont on parle; ils sont adjectifs verbaux.

** Dans ces exemples les mots en *ant* sont participes et invariables parce qu'ils expriment l'action, ou si quelques-uns expriment l'état, c'est d'une manière accidentelle et passagère.

ORTHOGRAPHE DU PARTICIPE PASSÉ.

229. Le participe passé exprimant l'état est adjectif verbal, et s'accorde :

Un manant aperçut un serpent étendu,
Transi, gelé, perclus, immobile, rendu.

230. Le participe passé joint au verbe ÊTRE s'accorde avec le sujet du verbe : *Le bien et le mal nous sont* RENDUS.

231. Le participe passé joint au verbe AVOIR reste invariable quand il est suivi de son complément direct, ou qu'il n'en a pas :

Ma sœur a ÉCRIT *une lettre.*

Mes frères ont ÉCRIT *des lettres.*

Mes sœurs ont DANSÉ.

232. Le participe passé joint au verbe AVOIR s'accorde avec son complément direct quand il en est précédé :

Dieu NOUS *a* PLACÉS *sur la terre pour nous entr'aider.*

Toutes les dignités QUE *tu m'as* DEMANDÉES.

Je te LES *ai..... * ACCORDÉES.

S'assure-t-on sur l'alliance QU'*a* FAITE *la nécessité.*

233. Lorsque le participe passé est suivi d'un verbe à l'infinitif, il faut examiner avec soin où est placé le complément du participe, si ce participe est précédé de son complément, il s'accorde ; et s'il en est suivi il est invariable.

Les troupes QUE nous avons VUES partir étaient bien disciplinées.

Je vous envoie les livres que vous avez PARU DÉSIRER.

Les maux que vous avez LAISSÉ FAIRE sont déplorables.

Nous avions deux jolis serins ; on LES a LAISSÉS mourir de faim.

Nous LES avons LAISSÉS expliquer leur différent.

On les a LAISSÉ BATTRE par leurs camarades.

Les dames QUE j'ai ENTENDUES chanter m'ont CHARMÉ.

Les airs que nous avons ENTENDU CHANTER NOUS ont CHARMÉS.

Je LES ai VUS voler des fruits.

Je les ai VU VOLER par des filoux.

Quelles sont les liqueurs que je t'ai VU verser à mon père.

Quelles sont les liqueurs que je vous ai VU VERSER par mon père.

Cherchez les leçons QU'on vous a DONNÉES à étudier.

Montrez-nous les modèles QUE je vous ai DONNÉS à copier.

Étudiez les leçons que vous ont DONNÉES vos maîtres.

Mon hôte se vit privé de la dépense qu'il avait ESPÉRÉ QUE JE FERAIS CHEZ LUI.

Les succès que j'avais ESPÉRÉ QUE VOUS OBTIENDRIEZ n'ont pas été bien grands.

234. Le participe FAIT suivi d'un infinitif est invariable.

On les a FAIT sortir.

Elles les ont FAIT taire.

Ils se sont FAIT attendre.

Ils ont emporté les objets qu'ils avaient FAIT acheter.*

---

*Ce n'est pas seulement l'action de FAIRE qui tombe sur les complé-

235. Les participes passés DÛ **, VOULU, sont invariables quand ils sont suivis d'un infinitif exprimé ou sous-entendu : *Elles ont* OBTENU *toutes les faveurs qu'elles ont* VOULU (obtenir). *Ils nous ont rendu tous les services qu'ils ont* DÛ (nous rendre). *Les choses* QUE *j'ai* VOULUES, *je les veux encore.*

236. Dans les verbes réfléchis, le verbe ÊTRE est mis pour le verbe AVOIR : *Ils se* SONT *rencontrés*, signifie *ils* ONT *rencontré* SE (eux).

237. Les participes passés des verbes accidentellement réfléchis suivent les mêmes règles que les autres participes : ils s'accordent avec leur complément direct s'ils le suivent; ils sont invariables, s'ils sont placés avant lui.

Ils SE *sont* APERÇUS *dans la foule.* Ils ont aperçu se (eux).

Ils SE *sont* APERÇUS *de leur faute.* Ils ont aperçu se (eux) les auteurs de leur faute.

Ils SE *sont* APERÇU QU'ON LES *avait trompés.* Il ont aperçu qu'on les trompait se (en eux).

Ces prisonniers se sont DONNÉ *la* MORT. Il ont donné la mort se (à eux).

Ils s'étaient DONNÉS *comme musiciens.* Ils avaient donné se (eux).

Nous nous sommes PROPOSÉ PLUSIEURS *questions à résoudre.* Nous avons proposé plusieurs questions nous (pour à nous).

Ces dames SE *sont* PROPOSÉES *pour remplir cette place.* Elles ont proposé se (elles).

Ils se sont PARTAGÉ *leurs* DÉPOUILLES. Ils ont partagé les dépouilles se (entr'eux).

Ils SE *sont* PARTAGÉS *en plusieurs corps.* Ils ont partagé se (eux).

Ils se sont FAIT *un* PLAISIR *de nous recevoir.* Il ont fait un plaisir se (à eux).

Ils SE *sont* FAITS (rendus) *chrétiens.* Ils ont fait se (eux) chrétiens.

Ils SE *sont* DÉCLARÉ *la* GUERRE. Ils ont déclaré la guerre se (a eux).

Ils SE *sont* DÉCLARÉ *contre nous.* Ils ont déclaré eux contre nous

Ils SE *sont* RENDUS *maîtres de la place.* Ils ont rendu eux.

238. Les participes passés des verbes neutres sont toujours invariables :

La révolution de 1789 dura pendant bien des années; celle de 1830 n'a DURÉ *que trois jours* (sous-entendu pendant).

Les 72 ans que Louis XIV a RÉGNÉ, *les 77 ans qu'il a* VÉCU (c'est-à-dire pendant que, pendant lesquels).

239. Les participes des verbes unipersonnels sont invariables :

Les chaleurs qu'il a FAIT.

Les mauvais temps qu'il y a EU.

Il est arrivé de grands malheurs.

ments, mais l'action de *faire sortir*, *faire taire*, *faire attendre*. Les deux verbes sont inséparables dans l'analyse, et le complément appartient à ces deux verbes réunis.

** Pu est toujours invariable.

240. Le pronom LE signifiant CELA est invariable; il ne fait point varier le participe ·

La bataille fut plus tôt gagnée qu'on ne L'avait CRU.

La chose était plus sérieuse que nous ne L'avions PENSÉ.

241. Le pronom EN signifiant de CELA est invariable; il ne fait point varier le participe :

Napoléon a gagné plus de batailles que d'autres généraux n'EN ont LU.

Il possède plus de trésors que son père n'EN avait AMASSÉ.

Vous m'aviez promis des fleurs, vous ne m'EN avez pas DONNÉ (sous-entendu une seule).

Vous m'avez demandé des livres, je vous EN ai ENVOYÉ (sous-entendu quelques-uns)

Le temps dessille les yeux aux jeunes gens; combien EN a-t-on VU regretter les années QU'ils ont si mal EMPLOYÉES! Combien ils EN ont PERDU de ces momens précieux qui sont passés sans retour.

DES ADVERBES.

242. Les adverbes sont les mots que l'on joint aux verbes, aux adjectifs, ou à d'autres adverbes pour en modifier la signification : *Il lit BIEN, il est TRÈS-instruit, il joue TRÈS RAREMENT.*

243. Les adverbes composés de plusieurs mots se nomment *locutions adverbiales : Long-temps, tout-à-fait.*

244. Quelques adjectifs deviennent adverbes quand ils servent à modifier un verbe : *Chanter fort, parler bas, sentir bon.*

245. Les principaux adverbes sont :

A jeun.	*Cependant.*	*En arrière.*	*Loin.*
Ailleurs.	*Certes.*	*Encore.*	*Long-temps*
Ainsi.	*Ci.*	*Enfin.*	*Maintes-fois.*
A l'entour.	*Combien.*	*En outre.*	*Maintenant*
A l'envi.	*Comment.*	*Ensemble.*	*Même.*
Assez.	*Commodément.*	*Ensuite.*	*Mieux.*
A outrance.	*Communément.*	*En sursaut.*	*Moins.*
A-peu-près.	*Conformément.*	*En vain.*	*Naguère.*
Aplomb.	*D'abord.*	*Exprès.*	*Néanmoins.*
A propos.	*D'ailleurs.*	*Fréquemment.*	*Ne.*
A tâtons	*Debout.*	*Gaîment.*	*Ne... jamais.*
Aujourd'hui.	*Dedans.*	*Gratis.*	*Ne... pas.*
Auparavant.	*Dehors.*	*Guère.*	*Ne... plus.*
Aussi.	*Déjà.*	*Hier.*	*Ne... point.*
Aussitôt.	*Demain.*	*Ici.*	*Ne... que.*
Autant.	*De plus.*	*Impunément.*	*Non.*
Autrefois.	*Derechef.*	*Incognito.*	*Non plus.*
Au rebours.	*De sang-froid.*	*Incontinent.*	*Non-seulement.*
A verse.	*Désormais.*	*Instamment.*	*Notamment.*
Beaucoup.	*Dessous.*	*Intimement.*	*Obscurément.*
Bientôt.	*Dessus.*	*Jadis.*	*Oui.*
Ça et là.	*Dorénavant.*	*Jamais.*	*Par-ci par-là.*
C'est-à-dire.	*Élégamment.*	*Là.*	*Parfois.*

Partout.	*Pourtant.*	*Souvent.*	*Très.*
Pêle-mêle.	*Précisement.*	*Surtout.*	*Trop.*
Pertinemment.	*Presque.*	*Tant.*	*Tour-a-tour.*
Peu.	*Profondement.*	*Tant mieux.*	*Tout-à-coup.*
Peu à peu.	*Quasi.*	*Tant pis.*	*Tout-a-fait.*
Peut-être.	*Quelquefois.*	*Tantôt.*	*Tout-à-l'heure.*
Pis.	*Recemment.*	*Tard.*	*Volontiers.*
Plus.	*Savamment.*	*Tôt.*	
Plus tôt.	*Sciemment.*	*Toujours.*	
Plutôt.	*Soudain.*	*Toutefois.*	

DES PRÉPOSITIONS.

246. Les prépositions sont les mots qui se placent avant les noms, les pronoms et les verbes pour les lier à d'autres mots : *Louis XIV monta* SUR *le trône à l'âge* DE *cinq ans, et régna* PENDANT *72 ans.*

247. Les prépositions composées de plusieurs mots se nomment *locutions prépositives : Vis-à-vis de, conformement à, au-devant de.*

248. Les principales prépositions sont :

A.	*Depuis.*	*Hors.*	*Sans.*
A cause de.	*Derrière.*	*Jusqu'à.*	*Sauf.*
Au-delà de.	*Dès.*	*Lors de.*	*Selon.*
Auprès de.	*Devant.*	*Malgré.*	*Sous.*
Autour de.	*Durant.*	*Moyennant.*	*Suivant.*
Avant.	*En.*	*Nonobstant.*	*Sur.*
Avant de.	*Entre.*	*Outre.*	*Touchant.*
Avec.	*En-deçà de.*	*Par.*	*Vers.*
Chez.	*Envers.*	*Parmi.*	*Vis-à-vis.*
Contre.	*Environ.*	*Pendant.*	*Voici.*
Dans.	*Excepté.*	*Pour.*	*Voilà.*
De.	*Hormis.*	*Près de.*	

249. On reconnaît que EN est préposition quand on ne peut le tourner par *de lui, d'elle, de cela : Le drôle eut lapé le tout* EN *(dans) un moment.*

DES CONJONCTIONS.

250. Les conjonctions sont les mots qui lient les propositions entr'elles : *Aimez* QU'ON *vous conseille, et non pas* QU'ON *vous loue.*

251. Les conjonctions composées de plusieurs mots se nomment *locutions conjonctives : Parce que, à moins que, c'est-à-dire,* etc.

252. Les principales conjonctions sont :

Afin que.	*En tant que.*	*Outre que.*	*Quand même.*
A moins que.	*Et.*	*Parce que.*	*Quoique.*
Car.	*Lorsque.*	*Partant.*	*Si.*
Comme.	*Mais.*	*Pourquoi.*	*Sinon.*
De sorte que.	*Ni.*	*Pourvu que.*	*Soit que.*
Dès que.	*Or.*	*Puis.*	*Tandis que.*
Donc.	*Ou.*	*Puisque.*	
En sorte que.	*Ou bien.*	*Quand*	

253. QUAND conjonction n'est jamais suivi de *à* ; *quant à* est une préposition.

DES INTERJECTIONS.

254. Les interjections sont des mots qui expriment les affections vives et subites de l'âme.

255. Les principales interjections sont :

Ah!	*Eh bien!*	*He!*	*Hola!*
Aie!	*Fi!*	*Hélas!*	*O Dieu !*
Chut!	*Gare!*	*Hem!*	*Oh!*
Eh!	*Ha!*	*Ho!*	*Ouf!*

ORTHOGRAPHE D'USAGE.

256. L'orthographe d'usage consiste à écrire les mots selon que l'usage et les bons auteurs l'ont établi.

257. L'orthographe d'usage s'apprend par la lecture, par la copie attentive des bons livres, et par l'application des remarques qui suivent.

ORTHOGRAPHE DES SYLLABES INITIALES.

258. AB :   ABUS, ABATTRE; excepté *abbé, rabbin, sabbat.*

ACC :   ACCORD; exc. *acabit, academie, acariâtre, acolyte, acie, acrobate.*

AD :   ADOUCIR ; exc. *addition, adducteur, reddition.*

AF :   AFFAIRE; exc. *afin, Afrique.*

AG ·   AGACER; exc. *agglomerer, agglutiner, aggraver, aggregation.*

ALL :   ALLIAGE; exc. *alambic, alanguir, alarmer, aleatoire, alène, alentours, alerte, alevin, Alexandre, alexitère, alize, alexipharmaque, alezan, alibi, ahboron, alidade, ahener, aliments.*

AM :   AMASSER; exc. *ammoniac.*

AN :   ANATOMIE; exc. *annee, anneau, annexer, annihiler, annoter.*

AN :   Devant *g* ou avec *ch* · *ange, changer;* exc. *hareng, pencher, pervenche, venger.*

APP :   APPARENT; exc. *apaiser, apetisser, apercevoir, s'apitoyer, aplanir, aplatir, aplomb, apologue, apostrophe, apôtre,* etc.

ARR :   ARRÊTER; exc. *arabe, araignée, araser, arc, arène, aréopage, arète, aride, arielle, aristarque, arithmetique, arome.*

ATT :   ATTAQUER; exc. *atelier, athée, atôme, atours, âtre, atroce, atrabilaire.*

BAN :   S'écrit par A : *abandon;* exc. *prébende.*

COMM :   Suivi d'une voyelle : COMMANDER; exc. *comedie, comique, comestible, comète, comite.*

CORR :   Suivi d'une voyelle; CORRIGER; exc. *corail, coriandre, corolle, coryphée.*

DÉF :   DÉFENDRE, sans exception.

EFF :   EFFORT; exc. *esaufiler.*

FAN,   PHAN s'écrit par *a : fanfare, éléphant;* exc. *fendre, offense.*

GU ·   Perd U dans les noms et les adjectifs qui viennent des verbes : *Naviguer, navigateur, intriguer, un intrigant.*

Ill :   Illustre ; exc. *île, îlote.*
Imm :   Suivi d'une voyelle : Immortel ; exc. *image, imân, imiter.*
In :   Inégal ; exc. *inne, innocent, innombrable, innomer, innover.*
Irr :   Irriter ; exc. *irascible, Iris, ironie.*
Occ :   Suivi d'une voyelle : Occuper ; exc. *ocean, oculiste*
Off :   Offrir, sans exception
Op :   Suivi de *a, e, i, u :* Opérer, sans exception.
Opp :   Suivi de *o* ou *r :* Opposer, Opprimer. sans exception.
Qu :   Se change en *c* dans les noms et les adjectifs qui viennent
           des verbes : *Vaquer, vacant, pratiquer, praticable, fabriquer,
           fabrication.*
Suff :   Suffire · sans exception.
Supp ·   Supprimer ; exc. *suprême,* et les mots commençant par
           super : superieur.
Ter :   Cacheter ; exc. *botter, egoutter, flatter, frotter, flotter, fouetter,
           gratter, guetter, latter, quitter, trotter.*
Col :   Collège ; exc. *colère, colifichet, colombe, colonel, colon,
           colonne, colorer, colorier.*

ORTHOGRAPHE DES SYLLABES FINALES.

239. Ail, Eil, euil, ouil terminent les noms masculins : *Détail,
     reveil, deuil, fenouil;* exc. *chèvre-feuille* et *porte-feuille.*

Aille, Eille, euille, ouille terminent les noms féminins :
     Bataille, oreille, feuille, quenouille.

Aire,   Termine les noms et les adjectifs de cette consonnance,
        et dérivés d'un autre nom : *Celibataire, secrétaire,* dérivés
        de *celibat, secret.*

Aire, iaire terminent les mots masculins : *Breviaire, calvaire;* exc.
      affaire, chaire, aire, paire féminins.

Al, an, at, il, it à la fin des adjectifs ne doublent pas la
     consonne au féminin : *National, nationale; anglican,
     anglicane; delicat, delicate; civil, civile; petit, petite.*

Ance,   Termine les noms qui viennent des verbes : *Abondance;*
        exc. *exigence, residence.*

Ence,   Termine les noms qui ne viennent pas des verbes :
        Absence

Ce,   Est la terminaison générale d'environ 250 mots en *ance*
        et *ence : Aisance, alliance,* etc.

Se,   Termine : *Anse, danse, ganse, panse, transe, defense,
        depense, dispense, offense, recompense.*

Ant,   Termine les adjectifs verbaux · *Existant, residant;* exc.
        *precedent, convergent, divergent, negligent, équivalent, ex-
        cellent, adherent, apparent, different, affluent, influent.*

Ape,   Est la terminaison générale : *Chape, etape;* exc. *frappe,
        grappe, nappe, trappe.*

Aphe : *Epitaphe;* exc. *agrafe, carafe, girafe.*

Ière termine les mots féminins de cette consonnance : *Lumière,
     litière,* et *cimetière* masculin; excepté *lierre, pierre* qui
     prennent *rre.*

ASSER :   *Classer, acquiescer, agacer, agencer, amorcer, annoncer, avan-*
NCER :   *cer, balancer, bercer, effacer, efforcer, emincer, enfoncer, enoncer,*
           epicer, espacer, crincer, exercer, exaucer, fiancer, financer,
           foncer, froncer, gercer, glacer, grimacer, lancer, menacer,
           percer, pincer, placer, prononcer, renoncer, rincer, saucer,
           sucer, tancer, tracer.

AT,   Termine les noms de dignité : *Avocat, consulat, notariat*
ATE :   *Agate, date;* exc. *baratte, batte, chatte, datte* (fruit), *jatte,*
           latte, natte, patte.
ATER :   *Dater, eclater;* exc. *baratter, flatter, gratter, latter.*
ATION :   *Assignation, cessation;* exc. *passion, compassion.*
EAU :   *Caveau, château;* exc. *etau, landau, sarrau, aloyau, boyau,*
           fabliau, fleau, gruau, hoyau, joyau, noyau, preau, tuyau.
CANT, CABLE, terminent les adjectifs qui viennent des verbes
           terminés par *quer* : *Fabricant, praticable;* exc. *choquant,*
           croquant, marquant, critiquant, manquant, piquant, atta-
           quable, remarquable, immanquable.
CATION :   *Indication;* exc. *equation* (prononcez *coua*).
CIABLE :   *Sociable;* exc. *insatiable.*
CIER :   *Associer;* exc. *balbutier, initier.*
É,   Termine les noms qui ont ce son final bref : *Bonté, cafe,*
           verite.
ÉE,   Termine les noms féminins qui ont ce son final long ·
           Année, journee.
ER,   Termine les noms de profession et de végétaux qui ont
           cette consonnance : *Horloger, bijoutier, pommier, prunier.*
EINDRE : *Peindre;* exc. *contraindre, craindre, plaindre.* On écrit *vaincre,*
           convaincre par *a.*
ENDRE : *Prendre;* exc. *épandre, repandre.*
ESCER, ISCER : *Acquiescer, s'immiscer.*
EUR :   *Bonheur, peur;* exc. *beurre, feurre, leurre, demeure, heure.*
GE :   *Age, neige;* exc. *je.*
GEON :   *Pigeon;* exc. *donjon, gougon.* Jonc (plante, canne).
ICE :   *Calice, delice;* exc. *coulisse, eclisse, ecrevisse, esquisse,*
           génisse, jaunisse, jocrisse, lisse, Narcisse, pelisse, reglisse,
           saucisse, suisse, Ulysse.
IF :   *Canif, craintif;* exc. *calife, pontife.*
IQUE :   *Comique;* exc. *public.*
IR,   Termine les verbes dont le participe présent est dur ·
           Unir, unissant; exc. *servir.*
IRE,   Termine les verbes dont le participe présent est doux :
           Lisant, lire; exc. *maudire.*
ISSER :   *Plisser;* exc. *epicer, policer.*
ITE ·   *Conduite;* exc. *fritte, quitte.*
OIN :   *Coin;* exc. *babouin, baragouin, bedouin, maringouin, marsouin.*
OIR :   *Voir;* exc. *boire, croire.*
OIR,   Termine les noms masculins dérivés des verbes : *Espoir,*
           rasoir.
OIRE,   Termine les noms féminins et les adjectifs : *Armoire,*
           obligatoire.

OUPE · *Soupe, groupe;* exc *houppe.*

SE, Son doux, termine les noms et les verbes · *Phase, raser,* · exc. *topaze, onze, gazer, bronzer.*

LSION, RSION : *Impulsion, aversion;* exc. *assertion, désertion, insertion, portion.*

SON : *Blason, poison;* exc. *gazon, horizon.*

URE, Termine les noms de cette consonnance : *Augure, murmure,* exc. *azur, mur.*

AN, IN, ON, UN, s'écrivent avec un M devant les lettres *b*, *m*, *p* : *Embaumer, impulsion, trombe.*

ORTHOGRAPHE DE DÉRIVATION.

260. L'orthographe de dérivation consiste à conserver aux syllabes finales les lettres nécessaires pour former les mots de la même famille.

261. *Plomb, camp, chant, galop, complot, dard, fusil,* etc., se terminent par la consonne qui sert à former les dérivés : *Plomber, camper, chanter, galoper, comploter, darder, fusiller,* etc.

262. *Abri, depôt, entrepot, impôt* s'écartent de la règle; leurs dérivés sont *abriter, deposer, entreposer, imposer.*

263. *Joli, hardi, tenu, venu,* etc., sont terminés par la voyelle qui sert à former le féminin : *Jolie, hardie, tenue, venue,* etc.

264. *Exquis, gris, laid, fort, vert, délicat,* etc., sont terminés par la consonne qui sert à former le féminin : *Exquise, grise, laide, forte, verte, délicate,* etc.

SIGNES ORTHOGRAPHIQUES.

265. Les signes orthographiques sont : les accents, l'apostrophe, la cédille, le tréma, le tiret ou trait-d'union, et la parenthèse.

266. Il y a trois accents : l'aigu ', le grave ', et le circonflexe ^.

267. L'accent aigu se met sur la plupart des é fermés : *Bonté, vérité, cafe.*

268. L'accent grave se met : 1° sur les è ouverts, *procès, succès;*

2° Sur *la, où,* pronoms ou adverbes : *Où finit la vertu, là commence le vice ou le crime.*

3° Sur *à, dès,* prépositions, *dès que,* conjonction : *Dès que vous aurez l'habitude des etudes serieuses, vous reconnaîtrez qu'on a du plaisir a apprendre;*

4° Sur a de *voilà, dejà, çà : Le voila déjà en-deçà de la rivière;*

5° Sur *e* de la 3e personne plurielle du passé défini de la première conjugaison : *Ils aimèrent.*

269. L'accent circonflexe se met : 1° sur la plupart des voyelles longues : *Age, épître, apôtre, embûche;*

2° Sur *i* des verbes en *aître* et *oître,* quand cet *i* est suivi d'un *t* : Il *paraît,* nous *connaîtrons;*

3° Sur *o* des pronoms possessifs : Le *nôtre,* le *vôtre,* les *nôtres,* etc ;

4° Sur les deux premières personnes plur. du passé défini : Nous *chantâmes,* vous *vîntes;*

5° Sur la 3e personne singulière du 2e passé du conditionnel, de l'imparfait et du plus-que-parfait du subjonctif : *Il eût aimé, qu'il finît, qu'il eût reçu;*

6° Sur *u* de *mûr*, *sûr (certain)*, adjectifs : Je suis *sûr* qu'on a monté *sur* le *mur* pour cueillir les fruits *mûrs;*

7° Sur *u* de *crû, dû, tû*, participes passés de *croître, devoir, taire.*

270. On emploie l'apostrophe : 1° à la place des lettres *a, e, i,* finales des mots · *Je, me, le, la, te, ne, que, se, ce, si,* quand ils précèdent une voyelle ou un *h* muet; excepté *si elle;*

2° A la place des finales de *lorsque, puisque, quoique,* devant *il, elle, on, un, une : Lorsqu'il, puisqu'elle, quoiqu'on ;*

3° A la place de *e* final de *quelque* devant *un, autre ;*

4° A la place de *e* final de *entre* et *presque,* dans les mots composés : *entr'acte, presqu'île ;*

5° Dans *grand'mère, grand'messe, grand'rue.*

271. Le trait-d'union ou tiret s'emploie : 1° dans les noms composés et locutions invariables : *Jean-le-Bon, arc-en-ciel, vis-à-vis ;*

2° Entre un pronom personnel et l'adjectif même : *Toi-même ;*

3° Entre un verbe et les pronoms qui le suivent comme sujets ou compléments : *Est-ce-toi? Que dit-on? Donnez-le-moi ;*

4° Pour lier le *t* euphonique au verbe et au pronom qu'il accompagne : *Viendra-t-il?*

5° Entre les pronoms démonstratifs et les mots *ci* et *là : Ceux-ci, ceux-là ;*

6° Pour remplacer la conjonction dans les nombres : *Dix-sept, dix-huit, cent-neuf, mil-huit cent-quarante-six;*

7° Entre les mots *ci, là, très,* et le mot auquel ils sont joints : *Très-bien, celui-ci, celui-là ;*

8° A la fin d'une ligne, si le dernier mot n'y entre pas en entier.

272. Le tréma ou diérèse se met sur *e, i, u,* pour les faire prononcer séparément : *Païen, Saül, Esaü.*

273. *Poète* et ses dérivés prennent l'accent et non le tréma.

274. La cédille se met sous le *c* pour en adoucir la prononciation devant *a, o, u : Façade, maçon, reçu.*

275. La parenthèse ( ) [ ] s'emploie pour séparer certains mots qu'on pourrait retrancher.

SIGNES DE LA PONCTUATION.

276. Les signes de la ponctuation sont : La virgule , le point et virgule ; les deux points : le point final . le point interrogatif ? le point exclamatif !

277. On emploie les signes de la ponctuation pour reposer le lecteur, et pour faciliter l'intelligence de ce qu'on écrit.

278. Chaque signe de ponctuation indique un repos égal au temps qu'on emploierait à les nommer. Il faut les employer selon que le sens des mots est plus ou moins complet.

DE L'ANALYSE.

279. L'analyse consiste à indiquer les différentes sortes de mots

d'une phrase, les rapports qu'ils ont entre eux, et la fonction qu'ils remplissent.

280. L'analyse est d'une nécessité indispensable ; on ne peut posséder parfaitement l'orthographe, si l'on ne peut distinguer facilement les noms d'avec les verbes, les participes d'avec les mots invariables.

281. On distingue l'analyse grammaticale et l'analyse logique

282. Par l'analyse grammaticale, on indique les espèces de mots et leurs rapports entre eux.

283. Par l'analyse logique, on indique la fonction de chaque mot dans la phrase.

284. L'analyse grammaticale sert à l'étude de l'orthographe, et l'analyse logique donne l'intelligence de ce qu'on lit.

285. Dans l'analyse des noms on en indique l'espèce, le genre, le nombre et la fonction.

286. Les noms ont cinq fonctions : Ils sont : sujets, attributs, déterminatifs, compléments, ou en apostrophe.

Le *franc* pèse cinq grammes. La France est un *pays* fertile.

La bonté de *Dieu*. Les Français vainquirent les *Russes* et les *Autrichiens* à *Austerlitz*. O *Dieu!*

287. Dans l'analyse d'un adjectif on en indique le genre, le nombre, et le nom auquel il se rapporte.

288. Dans l'analyse d'un pronom on indique l'espèce, le genre, le nombre, la personne, la fonction, et le nom qu'il représente.

289. *Je, tu, il, elle, elles*, sont toujours sujets ; *me, te, se, lui, le, la, les, eux, leur, en, y, que*, sont toujours compléments.

290. Dans l'analyse d'un verbe on indique l'espèce, le nombre, la personne, la conjugaison, le temps, simple ou composé, radical ou dérivé, le mode, le sujet et les compléments.

291. Dans l'analyse d'un participe on indique l'espèce, le genre, le nombre, s'il y a lieu, la conjugaison et les compléments.

292. Dans l'analyse des mots invariables on indique l'espèce et la fonction.

FIN.

EXERCICES ORTHOGRAPHIQUES
ET ANALYTIQUES.

Nᵒ 22 à 25. *Écrivez les noms propres qui se trouvent dans l'Histoire, dans la Géographie; ajoutez-y le nom commun convenable. Ex. Napoléon, empereur. Paris, ville. La Seine, fleuve.*

26 à 34. *Terminez les mots suivants, soit de mémoire, soit à l'aide du Dictionnaire. Indiquez-en l'espèce, le genre et le nombre. Ex.* Marie, nom propre, féminin, singulier.

L'homme, la f ; les h , les f. Le père, la m ; les p , les m. Le frère, la s ; les f , les s. Le cousin, la c ; les c , les c. Le monsieur, la d ; les m , les d. Le maître, la m ; les m , les m. Le roi, la r ; les r , les r. Le prince, la p ; les p , les p. Le parrain, la m ; les p , les m. Le chien, la ch ; les ch , les ch. Le chat, la ch ; les ch , les ch. Le loup, la l ; les l , les l.

Le flot, les fl ; la vag , les v. Le soleil, les s ; la l , les l. Le jour, les j ; la n , les n. Le mouton, les m ; la br , les br. Le bouc, les b , la ch , les ch. Le tonnerre, les t ; la f , les f. Le vallon, les v ; la val, les v. Le rocher, les r ; la r , les r. Le mur, les m ; la m , les m. Le cellier, les c ; la c , les c. Le magasin, les m ; la b , les b. Le golfe, les g ; la b , les b.

Les s , le sallon; les s , la s. Les p , le puits; les f , la f. Les ch , le chemin; les r , la r. Les c , le carrefour, les pl , la p. Les f , le fleuve, les r , la r Les c , le cachot; les pr , la p. Les c , le carosse; les v , la v. Les f , le fauteuil; les ch , la ch Les b , le bois; les f , la f. Les n , le nuage; les n , la n. Les r , le rivage; les r , la r.

L plaisir, les pl ; l j , les j. L feu, l f ; l fl , les fl. L rave, les r ; l radis, les r. L citrouille, les c ; l mel , les m. L raison, les r ; l mot, les m. Les peine , l p ; les chag , l ch. Les débat , l d ; les dispute , l d. Les bataille , l b ; les combat , l c. Les barque , l b ; les canot , l c. Les pied , l p ; les m , l m. Les bras, l b ; les j , l j.

Le matin, l s. Le jour, la n. Le nord, le m. Le levant, l c. Le paradis, l'enf. Le feu, la gl Une île, un l Un ange, un d. La folie, la s. L vie, l m. L force, l f. L santé, l m. L gaîté, l tr. L joie. l d. L bien, l m. L vérité, l m. L pardon, l v. L'orgueil, l'hum. La paresse, l'act. Le courage, la lâch. L richesse, l p.

L paix, l g. L gain, l p. L torrent, le mar. L mer, l cont. L golfe, le c. L froid, l ch. L boue, l p. L'amour, l h. L'enfance, l v. L naissance, l m. L'origine, l f. Le soin, l nég. L'avarice, l prod. L'été, l'h. La bonté, la m. L science, l'ign. L péril, l s. L certitude, l d. L fin, l com. L source, l'emb. L'entrée, l s. L grenier, l c. L punition, l r. L bas, l h.

L douleur, les d. L p , les p. L sav , les. L jou , les. L malh , les. L chal , les. L coul , les. L donc , les. L fl , les. L liq , les. L long , les. L ment , les. L livre, les l. L plume, les. Un canif, des. L règle, les. L crayon, des. Un encrier, des. L navet, les. L cerise, les. Une prune, deux.

Les fusil , l. Les canon, l. Les sabre , l. Les aigle , l. Les écureuil , l. Les alouette , l. Les anguille , l. Les aiguille , l Les araignée , l. Les âne , l. Les écrévisse , l Les abeille , l Les oie , l. Les écureuil , l. Les écueil , l'. Les arbre , l'. Les abricot , l'. Les raisin , l. Les noix, l.

Les noisette , l. Les fraise , l. Les framboise , l. Les roue , l Les boue , l. Les bout , l Les bouteille , l. Les coup , l. Les cou , l. Les sel , l Les selle , l. Les chair , l Les chaire , l. Les bât , l Les bas , l. Les maire , le. Les mère , l. Les père , l. Les paire , l Les pair , Les mort , l. Les maure , l. Les poêle , l. Les poil , l Les poing , l. Les point , l.

N° 35 à 40. Les bras, l. Les bois, l. Les croix, l. Les nez, l Les compas, l Les noix, l. Les poids, l. Les pois, l. Les poix, l Les perdrix, l. Les souris, l. Les gaz, l. Les choix, l. Les voix. l Deux fois, une. Les secours, l. Les discours, l Les cour , l. Les jour , l. Les cour , le. Les concour , l. Les recour , l. Les repas, l Les puits, l.

Un cadeau, deux, 1 chap , 3. 1 mant , 4. 1 mart , 5. 1 ann , 6 1 corb , 7. 1 cerc , 8. 1 chevr , 9. 1 rid , 10. 1 moin , 11 1 tabl , 12. 1 flamb , 13. Les jeu , l. Les f , l. Les nev , l. Les chev , l. Les yeux , l'. Les dieu , l. Les moy , l. Les vœu , l. Les adieu , l. Les épieu , l'. Les envieux, l'. Les boyau , l. Les tuy , l Les noy , l. Les joy , l. Les préau , l.

Le cardinal, les. Le crist , les. Le tribun , les. Le riv , les. Le sign , les. Les mét , l. Les boo , l. Les can , l. Le bail, les. Les cor , l. Les port , l. Les évent , l. Les soupir , l. 1 chev , 2 2 génér , 1. 3 anim , 1. 4 journ , 1, 6 capor , 1. 7 hôpit , 1 8 fan , 1. 9 cout , 1. 10 morc , 1. 11 vaiss , 1. 12 origin , 1.

L trou, l. Le cl , les. Le ch , les. Le s , les. Le bij , les. L pou, les. L gen , les. L caill , les. L fil , les. L couc , les. L mat , les. L carnav , les. L bal, les. L rég , les.

N° 42. Bon, mauv. Meilleur, p. Noir, bl. Clair, ob. Gai, tr. Heureux, m. Hardi, tim. Grand, p. Lourd, l. Mince, gr Premier, d. Proche, él. Trouvé, p. Sale, pr. Sec, h. Secret, pub. Chaud, f. Long, c. Dur, m. Laid, b. Fort, f. Soigneux, nég. Sûr, d. Vivant, m. Savant, ig. Inquiet, tranq. Mûr, v. Avare, prod. permis, déf. Ouvert, f. Docile, ent. Sobre, g. Ingrat, rec. faux, v.

N° 44 à 53. Ces canif , ce; ces ardoise , c; ces côteau , c; ces génér , c; ces anim , c; ces eau , c; ces agn , c; ces ois , c; ces ham , c; ces arbr , c; ces horloge , c; ces herb , c h.

54. Mon devoir, mes; m page , mes; t soulier, tes; s leçon, ses; s journal, ses; v mal, vos; m âme, vos; n corps, nos; n cabinet, nos; leur fauteuil, leurs; leur chaise, leurs.

47 à 50. Le sapin de l forêt, les. Le troup du berg , les. Le chap des enf , le. Le chât du roi, les. Au hameau du pays, aux. Aux églis des villag , à l'. Aux trav des ouvr , au. Les orag des été , l'.

54 à 56. M neveu Henri, mes. M n Henriette, mes. M nev
Henri et Louis, mon. M nièce H et L , ma. T fils Charles,
tes enf. T fille Ch , tes f. Ses enf Paul et Jul , son. T fille
P et J , ta. S cous Ernest, sa. N c Jul et Emile, n. L oncle
Adrien, l tante. V onc Adr et Joseph, votre. Mon habit, m
réd ; mes. T chap , t casq ; tes. S col , sa crav ; ses. T
blouse, t pal ; tes. M botte, m soul ; mes. Son bas, s chaus ;
ses. V culotte, v pant ; vos. Leur plat, l ass ; leurs. N glace,
n mir , nos. C cabinet, c chamb ; ces. L fauteuil, l ch ,
les.

57 à 59. 2 sapin , 1. 3 pomme , 1. 4 couteau , 1. 5 four-
chette , 1. 6 cuiller , 1. 7 tonneau , 1. 8 serpette , 1. 9 fleuve , 1.
10 rivière , 1. 11 scie , 1. 8 hache , 1. 8 tache , 1.

60. Mon prem mot, mes. M prem par , mes. Le chapitre 2,
les. L second leçon, les. C 3ᵐᵉ page, ces. T 4ᵐᵉ flacon, ta.
S dern jour, sa. S 6ᵐᵉ leç , son. Ses 6 leç , son.

61 et 62. Certain motif, c rais. Certains m , c r. Quelq
moyen, q man. Quelques m , q m. Nul pays, n contr. Tel père,
tel f. Tels p , t f. Quel bon ami, quels. Quelle bon ami ,
quelles. Plusieurs homme , pl f. Tout hom , t f. Tous l hom ,
t les f.

62 à 94. C roseau sec, ces. L bocal neuf, les. Mon couteau
pointu, mes. Son sabre tranch , ses. S épée tr , ses. Ton espoir
perdu, s. T espérance p , tes. Un plaisir permis, des. Un joie p ,
des. C enfant soumis, c. C demoiselle s , ces.

C orage furieux, ces. Cet tempêt f , ces. N garçon sage, nos.
Notre fille s , nos. Votre enfant docile, vos. Leur père sensible,
leurs. Leur mère s , leurs. Ces cuiller perdu , c. Ces vase
fendu , c. Un fleuve profond, des. Une riv p , des. L ville
voisin , les. L village v , les.

Ce âne têtu, ces. Un chemin uni, deux. Mon ouvrage lu, mes
Ton habit brun, tes Le soldat mutin, les. Du raisin mûr, des. Du
pin blanc, des. De la viande rôti , des. Du vin bon, vieux, des.
C beau raisin, ces. C b pomme, ces. 1 radis gris, 2. 1 rave
gis , les. S grand coq, ses. S g p , ses. N arbre vert, nos.
N plant v , nos. Quelque moyen, quelq. Q façon, q. Tout pays,
tout les. T contrée, t les. Plusieurs motif , un. Plus rais , une.
Quelq hom oblig , q q f.

Un gr bât romp , des Une gr c romp, des. Le mauvais vin
épais, les. La mauv eau ép , les. Du vin vieux, des. De l liq ,
des. 1 breuvage généreux, des. Une b. Un troupeau nombreux,
des. Une comp , des. De nouv journ , un. De n gazette , une.
De vrai ami , un ami vrai.

De valeureux soldat , un. Une v armée, de. Des devoir
relig , un Des hom oblig , une. Un garçon studieux, des. Une
fille, des Un ouvrage avantag , des. Une occup , des. Un maître
ancien, des. Une m anc , des. 1 ordre exprét, des. Une loi,
des l.

Le paysan grec, les. La pay gr , les. M bijou cur , mes. Le

dieu anc , les. La d anc , les. Un péché capital, les. Une f cap , les. Un collége communal, deux. Une école com , deux. C conte moral, ces. Cet hist mor , ces. Un entretien secret, des. Une conv s , des.

M neveu indiscret, mes. Ma n ind , mes. Ce travail complet, ces. C affaire c , ces. T parent inquiet, ta. C ouvrier actif, ces. Cette ouvr , ces. Un froid vif, une ch. Des nuages épais, une n. Des grain vieux, de la. Les gros caillou , la gr p . Des haricots blanc , des fève.

Votre conte long, v hist. Ce faux plaisir, cette. Le destin trompeur, la d. Le succès certain, la réussite. Notre voisin jaloux, nos. Ta vois j , tes. Son gendre malin, sa. Vos parent voyag , ta. Le tuteur du min, la. Le feu destructeur, la. Le citoyen accusat, la. Des voisin persécut , une. Les paysan cultivat , la.

Nos serviteur bav, ma. Des favori ambit, sa. Un anglais invent, une. Ce hollandais navigat, cette. Les devin ment, la. Les magicien péch, la Le marin pêch, la. Ces homme cruel, cette. Les peuples courag, la n. Mes belle robe, mon. Des moissonneur las, une. De mauvais joueur, une. Des jour meilleur, une j. Le bon roi, la. Le vertueux prince, la. Les vieux château, la. Les chants harmonieux, la. Un nègre chrétien, une. Le gouverneur protecteur, cette. Des maître supérieur, une. Des loi féodal, une. Des fonctions électoral, un empl. Des contrée mérid, un p. Les voyelles nasal, les son. Un espagnol frugal, une. Ce italien sobre, cette. Les français délicat, la. Un allemand sérieux, une. Les anglais doux, la. Les parisien civil, la. C habit brun, cette. Du vin pur, de l. Le miroir poli, la. Les garçon instruit, la. C homme vieux, cette f. Un aliment frugal, une n. Les cheveu roux, la. Quel dessein fou, q id. Ce dessin fini, c grav. Des pois sec, d fév. Quel qualité précieu, q tal. Quel avantage publi, q fav. Quel hauteur arrog, q mépr. C auteur distingué, ces. Les villes grec, le vill. Ton long cordon, ta. Le langage hébreu, la l. Le citoyen français, la. Le peuple turc, la n.

84 à 86. H Cap et Rob prem roi Capét. Romul et R fondat de R Nept et P fr de Jup. Lyon et Marseille grand ville de F. Le Rhin et le Danube beau fl d'E. Les Alp et Jura haut mont de S. Alexandre et César grand guerr anc. Pierre-le-Gr et Napoléon gr guer malh Le mensonge et le vol odieux. La sinc et la prob préc. La paresse et la gourm danger. L propr et l'ordre rare. L'ardoise et le marbre commun. Le fer et le plomb préc Le pap et la plume utile. Le feu et l'eau nécess. Ton frère plus grand que le mien, ta s. Tes fr, tes s.

87 à 91. 1200 canal, 388 lieu, 81 livr, 80 fr, 400 sold, 520 mèt, numéro 80, chap 200, pag 520, ann 1846, 80 pag, 300 numér, 1800 années, l'an 1000, 1000 prisonn, 2000 écu, 2500 louis, 1280 napol, 2000 lieu, 120 mille, 200 mille, 80000 mille, 200000 mille

92 à 94. Q q soit vot mérit, q q fus vos qualit. Nous av q q ami Tu as fait quelq faute. V av reçu q q nouv ouvr. Ils ont lu q q

lign, elles ont mangé q q fraises; q q v sav q elle soit; q q rich q
soient ces hom ; q q brav q soient nos sold. Cert jour. Vos rich
q q elle soit. Ces liv q q beau q il soit.

95 à 110 Mon maître aussi instruit que le tien, mes. Ce cahier
mieux écrit que le sien, c carte, ces. Quel roi plus puissant que le
nôtre, quel reine, quels. Mon habit plus court que le leur, mes,
ma, mes. Le long chemin qui, la..., les..., les... Ce fleuve profond
qui, les .., la..., les.. Un bateau neuf dont, des..., une..., des...
Le nuage orageux duquel, les..., la..., les... Le jour fatal où, les
j .., la j .., les. . Quel est celui qui, quels..., quelle..., quelles..
De ces deux hommes, celui-ci est mon neveu. De c d femmes,
c ci est m n. Le bois que tu vois est le mien, celui-ci est le tien
La maison...., les bois..., les maisons... La maison et le bois ..,
la maison et la forêt... C encrier est à moi, celui-ci est à toi.
C plume..., ces encr..., ces plume... Ces pl et ces encr... Ce fruit
est mauvais, celui-ci est meill, ces.

N° 111 à 144. *Reconnaître dans les exercices suivants, et écrire
séparément les verbes d'action directe, 117. — D'action passive, 119. —
D'action indirecte, 123. — D'action réflechie, 124. — D'action unipersonnelle, 127.*

*Écrire les verbes qui ont des sujets, 129. — Les verbes de 1re pers.
sing., 130. — De 2e pers. sing., 132. — De 3e pers. sing. — De 11e pers.
plur. — De 2e pers. pl. — De 3e pers. pl.*

*Écrire les verbes qui sont au mode infinitif. — Au participe. — A l'in-
dicatif. — Au conditionnel. — A l'impératif. — Au temps présent de
l'infinitif. — Au temps passé. — Au présent de l'indicatif. — A l'imparfait. — Au passé défini. — Au passé indéfini. — Au passé antérieur. —
Au plus-que parfait. — Au futur. — Au futur antérieur. — Au présent du
subjonctif. — A l'imparfait. — Au passé. — Au plus-que-parfait.*

Être instruit; soyez inst. Avoir de la probité; ayez. Obliger tout
le monde; tu. Obéir aux lois; q nous. Percer la foule; q tu. Étudier
la musique; q n. Savoir l'histoire; que v. Lire le grec ; qu'ils. Il
perdra ses mauv. habitude; tu. Elle écrivait ses devoirs; v. Plier
son caractère; ils. Tu joueras apr l trav, n. N prendr patience, v..
Vous mourrez pour la patrie; il. Donner de bons conseils, donnez.
Elle voudr ton bonheur; vous. Partir avant vous; je. N répondions
aux questions; tu. V parlâtes poliment, ils. Sortir de l'ignorance,
sortez. V av été à l'église; j. Venir avant eux; venez. Elle connut
ses devoirs; v. Je remercierai Dieu; ils. Prêter avec plaisir; tu.
Je cueillais des lauriers; vous. Je me lev av le jour; tu. Faire sa
prière; elle a fait. Il s'exerce au calcul; n. Se conduire avec
prudence; vous. Je te dois mon bonheur; il. Être chéri de son
père; tu. Il sera pris en défaut; v. Je suis instruit par mon père;
il. V seriez crus sur votre parole; ils. Se corriger de ses défauts;
j. S'instruire avec ardeur; tu. Croître promptement; le blé cr p
Nous dîmes la vérité; ils. Elle craindrait la mort; elles. Secourir
les pauvres; ils. Il soutient sa réputation; tu. N achetons nos livre
chez vous; ils. Vous mettrez du zéle; il. Apercevoir de loin; j'ap.
Il reconn ses torts; n. Se découvrir dans les appartem; tu. Se

plaindre sans aigreur ; ils. Tu promets avec prudence ; ils. Se
corriger entièrement. Qu'il tienne ses prom ; qu'ils. N av prom
ceci à vos amis ; ils. Que vous. Il sera parti avant toi ; n N n
sommes couchés de bonne heure ; v. Paul a eu le bonheur ; P et J
Q v dorm en paix ; q il. Je me levai de grand matin ; ils. Tu verras
ton ami à la prom ; ils. Il pleuvait toujours ; tu. Il tonna fort ; v
Neiger beaucoup ; n. V produiriez quelque chose ; ils. Il cède
volontiers ; ils. Tu vécus avec lui ; v. Offre-lui tes services ; offrez.
Qu'il vende avec probité ; q v. J'ai vécu en paix ; tu. Se lier avec
les honnêtes gens ; je. Louis priera Dieu avec confiance ; v. Rendre
le bien pour le mal ; ils. Sentir ses torts ; tu. Être béni des pauvres,
tu. Elle sera jugée par le tribunal ; ils. V fûtes craints des méch ;
elles. V célez la vérité ; tu. N espérons en Dieu ; tu. Tu gagnais
toujours le prix ; n. Il pèse à faux poids ; v. Tu ploie sous le
fardeau ; n. Je croyais en Dieu ; v. Tu priais avec ferveur ; v. Q j
lie les mains au v ; q v. Il créera des obst à tout ; v. N agréons vos
soins avec rec ; tu. Mon ami louerait cette action sans flatterie,
mes am. Tu riais aux éclats ; v. V opérez des réformes ; ils. N
régnons par la douceur ; tu. V payez vos dettes avec soin ; ils
N rayons nos pages ; ils. On veut q j fui l'oisiveté ; j v q tu. Chacun
v q v ; n voul q v. Il fallait q je vous écriv cette lettre ; il fall q
tu ; il fall q v ; il fall q n. V achetez rarement ; tu. N jetons déjà ;
ils. V appelez encore ; tu N nivelons parfaitement ; ils. N préférons
l'honn à la fort ; je. If ne lèvera jamais la main sur personne ; n
Je ne te confierai pas m secret ; n. Tu confiras ces fruits ; v. Il
fallait q tu m conf ton secret ; q v n ; qu'ils n. On voulut q j conf
ces fr ; ils voul q n conf. J lie ce paquet ; n ; tu li ces livr ; v
Tu voulus q j l ces liv ; on craignit que v ne l ces p. N envoy
encore ; tu. V essuyez souvent ; ils. Que j'appuie légèrement ; q v.
J'avouerai sincèrement ; n. N v payons exactement ; ils. Je remue
doucement ; tu. Elle a langui dans la misère ; ils. Il eut blanchi sa
robe ; tu. Tu suffis à ses besoins ; n. N v prierions instamment ; v
confie-moi ta fort ; confiez. N v rendons service ; j.

148. 149. Aimer Dieu. Obéir à son père. Recevoir vos conseils
V rendre service, *font au futur* : J'aim D., etc.; *au conditionnel*
J'aim, etc.

145. Aimant D. Obéissant, etc., *font au plur. du prés. de l'indic.*
N aim D, etc.

146. L'imparfait : J'aim D, tu aim D.

147. Aimé, obéi, reçu, rendu form. le passé indéf. : Jai aimé, etc
Le plus-que-parfait, j'av aim ; le futur ant , j'aur aim ; le condit
passé, j'aur aim , etc.; le 2ᵐᵉ cond. passé , j'eusse aim ; le passé du
subj., q j'aie aim ; le plus-que-parfait du subj., q j'eusse aim.

150. Tu aimes Dieu, tu obéis, etc., forment l'impératif
Aim, etc.

151 et 152. Aimant, obéissant, etc., form. le prés. du subj.
Q j'aim, etc.

153. Tu aimas, tu obéis, etc., form. l'imparf. du subj. : Que
j'aim, que j'ob, etc.

CONJUGAISON DU VERBE *AVOIR*.

Avoir un beau chapeau neuf. Av eu une. Ayant de b chap — Ayant eu de b c. —

J'ai mon grand bocal nouveau; tu as ta gr carafe; il ses. N av nos — V av votre et vot — Ils leur bout et leur car

J'avais c habit vert, laid; tu av ces réd, il av c veste. N av des v; v av des rob; ils.

J'eus cet ouvrage lucratif, avantageux; tu .. ces; il cet occupat, N .. ces occup; V ces ouv et c occup; ils.

J'ai eu un livre beau, grand; tu as eu ces liv; il .. cette hist..; N ces liv..; V .. ces histoires ..; ils . .

J'eus eu un gilet grand, joli; tu .. des ..; il .. ce pant .. n .. ces culot ..; v .. ce mouch ... ils .. ce mouch et crav ..

J'avais eu ce serviteur actif, discret, délicat; tu .. ces ...; il .. cette ..; n .. des entretiens longs, curieux; v .. des chagr cruels, long, vif: ils .. une peine ...

J'aurai du grain vieux, sec; tu .. des ..; Louise .. un gâteau chaud; n .. quelq ..; v .. une p brioche . ; mes cousins .. un miroir rond.

J'aurai eu un voisin jaloux, rêveur; tu .. des ..; il .. une ..; N .. un porte-feuille neuf; v .. des f ..; ils .. des ch .

J'aurais une règle longue, droite; tu .. des ..; il .. ces ..; n .. un diction bon, neuf; v .. de bon dict n; ils .. un dict et un atlas b, n.

J'eusse eu des vaisseaux beau, grand; tu .. un ..; il .. 3 .. n .. des génér prudents, habiles; v .. un génér ..; ils.

Aies un petit bocal vert; ay ..; ay 3 bout et un bocal vert.

Q j'aie ce camail violet, brun; que j'eusse un château ruiné; q tu .. deux; q Jean .. une v .. chaum. Q nous q v. ch ..; q v .. un jour heur, meill. Que mes sœur .. Q j'aie eu ce serviteur bav; paress; q tu .. cette ..; qu'on .. ces ... q n .. le favori ambit, cruel; q v .. la ..; q .. ce roi et ce fav:

Q j'eusse eu mon emploi national; q tu .. tes ..; Q chacun .. sa fonct .. q n .. nos f ..; q v ay .. v place; q plusieurs .. leurs ..

Ai je un maître meilleur, protecteur; .. tu un .; il des .; .. n des ..; .. v un empereur ..; .. ils une ...

Avais-je un gouverneur plus instruit que le tien? .. tu une .. elle; .. n nos .. ; .. v vos ..; .. ils leurs ....?

Eus-je un fils poli? .. tu une .. Louis .. un chev blanc? .. nous des ..? .. v un dessein danger? Quelques-uns .. un chap et une casquette.

Ai-je eu un miroir neuf épais? .. tu .. des ..? .. il .. une gl ..? .. n .. 1 gl et 1 mir ..? .. v .. 1 gl et 1 mir ..? .. ils .. une gl et une pend n'ép.

Avais-je eu ce gros hareng frais? .. tu .. ces gros! Paul .. huître gr fr? .. n .. ces? .. v .. c h et c h ..? Louis et Louise .. c h et c moule ..!

Aurai-je eu un neveu gai, jovial? tu .. une ..? .. il .. des nev ..

.. n .. des nièces ..? .. ils .. un nev et un cous .. ? .. v .. une n et
une c ..?

Aurais-je ces beau agn gentil, doux? .. tu ce .. ? .. il ces b
breb .. ? .. on ce b .. ? .. nous cet bel br ..? .. il c agn et c
mout ..? .. vous c b breb ou c chév.

Aurais-je en ces nouv ciseau curieux? .. tu .. ce? .. il du feu
vert, violet? .. n de l fl? .. v .. des f? .. ils .. des flamm?

Crois-tu q j'aie un jour long, froid, brumeux? .. q tu .. des j?
qu'il .. des n ..? q ils .. une nuit ..? q n .. une j et une n? q v
un automne et un printemps ..? q ils .. une sais et une ann?

CONJUGAISON DU VERBÉ *ÊTRE*.

Indiquez le nombre, la personne, le mode, le temps.

Être instruit, aimé, honoré, chéri. Avoir été ... Étant .. Ayant
été ..

J suis .. tu .. il .. elle . n .. v .. ils .. elles .. on .. Jules . Julie
mes oncl .. mes t ..

J'étais haï, menteur, craint et méprisé. Tu, etc.
Je fus ignorant, honteux, confus et interdit. Tu, etc.
J'ai été ingrat, détesté, avili et repoussé. Tu, etc.
J'eus été soumis, attentif, chéri et récompensé.
J'avais été distrait, rêveur, inquiet et tracassé.
Je serai adroit, soigneux, propre et poli.
J'aurai été discret, habile, gracieux et libéral.
Je serais étourdi, fou, insensé et malheureux.
J'aurais été actif, assidu, laborieux et attentif.
J'eusse été poli, aimé, chéri et heureux.
Sois honteux, railleur, jaloux et sournois.
Que je sois honnête, civil, obligeant et docile.
Q je fusse assidu, laborieux, complaisant et studieux.
Q j'ai été vif, prompt, laid et curieux.
Q j'eusse été gai, résolu, content et joyeux.

156. *Conjuguez comme les verbes modèles*, chanter, ouvrir, devoir,
dire, etc., et les verbes irréguliers du n° 162 au n° 186.

157. Conjuguez au passif les verbes suivants : J'aime cet enfant
instruit, je chéris un élève docile, je reçois un ami fidèle, j'instruis
un enfant laborieux.

163 à 186. *Conjuguer les verbes suivants* au présent, à l'imparfait,
au passé défini, au plus-que-parfait et au futur de l'indicatif, au
présent du conditionnel, à l'impératif, au présent, à l'imparfait,
au passé du subjonctif, et au passé du participe :

Manger, lanc, conn, offr, avoir, voul, croire, vendre, viv, dire,
lier, lise, sent, faire, sort, mord, dorm, aller, cueill, pouv, val,
tord, fond, s'asseoir, peind, feind, craind, joind, coud, boire,
venir, envoy, bouill, cour, finir, haïr, mour, mûr, fall, pleuv,
tonn, neiger, vêtir, espér, enlev, ployer, plier, payer, jeter, créer,
rire, rayer, appuyer, publier, savoir, vivre, naître, résoudre,
suffire, vaincre, apport, rompre, redire, prédire, frire.

Mettre les verbes suivants au présent, au passé, et au futur de l'indicatif :

Dorer, dormir, nier, ennuyer, créer, effray, se noyer, se taire, se tuer, pouvoir, puer, confier, confire, suer, partir, parer, se défier.

Mettre les verbes suivants au passé, au plus-que-parfait, et à l'imparfait du subjonctif :

Louer, blâmer, servir, prévoir, teindre, pouvoir, rompre, mettre. — A l'impératif : Aller, courir, faire, employer, ferrer, acquérir, suivre, sucer, prévaloir, vaincre, absoudre.

187 à 189. *Ecrire les verbes qui ont un complement direct,* pag. 43 et 44.

190. *Ecrire les verbes* qui ont un complément indirect seulement.

193. *Ecrire les verbes* d'action passive qui ont un complément indirect.

194. *Ecrire les verbes* d'action réfléchie.

195. *Ecrire les verbes* d'action impersonnelle.

ORTHOGRAPHE DES VERBES.

196 à 212. On te demande a c   assembl   ; va y ; parl en fav de c malh   , q tu conn   ; tu sais leur besoin , tu vois l mis ? parle en a c homm   génér q tu conn   ; va prompt   , et dépl tout t éloq   ; donn en c occas des preuv de t zéle

On me demande ... j'irai .... Vous alliez à ces ....

On me demandait ..... j'y allai .. .. Nous allions à ces ..... Nous irions à c .... Il faut que tu .... à c .... Il fallait que v ....

197 à 212. Je mène ces enf à l promen   , afin qu'il appr leur leç   ; je les encourag   ; je ménag le temps et leur santé ; leurs succès me paie de tout mes pein ; je tolére leurs étourd , je conçois leurs peines ; je haïs leurs mensonge , je menace les indociles, je punis les méch   ; j'appelle leur confiance, je tiens la place de leurs par   , j'oublie leur tort   ; je ne rejette pas leur promesse , j'y crois et j'espére.

Tu, il, nous, vous, ils.

Je menais .... tu .... Je menai .... J'ai mené .... Je mènerai .. . J'avais mené ... J'aurai mené ... Je menerais ... J'aurais mené .. . Mène ... Il faut q je mène ... Il fallait q je menasse ....

ACCORD DES VERBES AVEC LEUR SUJET.

Ce garçon étudie ; il deviendra sav , s'il continue de s'appliquer à ses dev. Ces garç..., cette demois..., ces demois... J'étudie... Tu étudies... Nous étud... Vous étud...

J'aim ma sœur, je la chérissais et j'en étais aimé. Tu... les s... Il aim s fréc... N'aim nos s... J'aim vos fr... Jules et Ernest aim leurs s....

Tu as appris ce matin la leçon que tu lus hier ; tu la réciteras. J'ai appr...

Nous reçûm hier les journaux que tu reç aujourd . Je....

Vous écrirez vos lettres ; je l cachetterai ; tu l pliera , et il mettra l'adresse. N écrir...

Ils jouer av plais , si leurs dev était terminé ; mais il ne
l sont pas. Je ... si mon ... Tu ... si tes leçon...

Je prendr m plum , si elle ét taillé et si tu me la donn .
Tu ... Il ...

Tu aur pris ton crayon, s'il av été taill , et si on te l'av
donné. J'... Jules ...

S'il eût voulu partag m gât , je lui en eusse donné un
morceau. Si tu ... ses ... S'il eût ..., tes ... Si n ... vos .... Si v ...
nos ... S'ils ... notre ...

Parlez-moi, attendez-moi, acceptez-vous ma proposition.
Parlons-leur, attendons-les, accept -n leur prop.... Parl -lui,
attend-l , accep -tu sa pr....?

Il faut q n sort , et q n all prend les plumes qu'on n
a prom. Il f q v. -

Vous vouliez que n priss ces crayons-ci, et non ceux-là. Ils
voul q mes sœurs.... Je voul q tu ... ce ... Tu voul q je ..
cette pl ...

Ils aur craint q leur frér n'eut parti pour Paris ; il n conn
pas c gr ville. .. J'aur cr q mes s ... Tu aur cr q je....Il
aur cr q tu... Nous cr q v... J'aur cr q n... pour la Russie;
n ne conn...

C'est moi qui lis ce devoir, et qui l'écrir sur le tableau. C'est
toi qui lis ces... C'est lui qui l... C'est nous qui .. C'est v q... C ..
eux q... C .. Pierre et Louis q... C... Jules et toi q... C... toi et
moi q...

Je me suis trompé; ce fut toi qui vins me voir. Tu t... moi ..
Il s... lui... N... vous qui... V... nous qui... Ils ... mes sœurs qui..
Elles ... Jules et Ernest qui...

Viendras-tu dîner chez moi dimanche; tu me ferais plaisir si tu
acceptais? Viend -il...? Viend -vous ..? Viend -ils...? Toi et ton
frère...? Mon frère et ma sœur...?

Je dois obéir, étudier, lire, écrire, calculer, exercer ma mémoire,
développer mon jugement, si je veux pouvoir me conduire dans le
monde. Tu... L'enfant... Nous... Vous... Les enfants...

J'ai obéi, étudié, lu, écr , calcul , exerc ma mém , et développ
m jug ; je puis me cond d le monde.

Tu ne veux plus ment ; c'est un vilain défaut; tu dois t'en
corriger. Je .. Il .. N .. V .. Elles.

Il a écrit ses devoirs; il va les lire; il les corrigera, et il les
écrira sur le tableau. Tu... Il... Nous...

Nous nous instruis en lisant nos devoirs, en les étudiant, et en
les corrigeant. Tu... Jules... Vous...

Celui qui ment sera puni; car on ne le croira plus, quand il dira
la vérité. Ceux qui... Celle qui .. Toi qui... Vous qui... Celles qui.

Craignez Dieu qui vous voit; chérissez vos parents qui vous
élèv ; respectez ceux qui v instr . Crainds... Craignons... Je
dois craind D... Tu... Il... Un enf... Nous... Vous... Tous les
hom...

L'enf auquel on ne peut inspir l'am du travail sera malheu-

reux. Les enf... La jeune fille ... Les jeunes filles... Toi à qui....
Vous à qui.... Ceux à qui....

Léon a aidé à Ernest à raccommoder son cerceau ; ils aur réuss
s'ils euss été plus adr. J'ai...

J'achetai et je mis hier un chapeau neuf ; je l'ai mis ce matin,
et je le mettrai encore demain.. Tu.. Mon frere..

Tu écriv et tu lus hier cet leçon ; tu l'av écrite et nous l'av lu
ce matin ; n l lir et n l'écrir. Vous.. Mes amis.. Je.. Tu.. mon ami .

Jules aperçut hier ses tantes ; il l reconn, et il l parla. J'.. Tu .
Nous . Vous.. Ils..

Je découv hier cette erreur ; je me plaign, je me suis plaint et
je me plain encore. Je.. Elle.. Nous. Vous.. Elles..

Il prom hier de se corrig ; il l'a prom ce matin ; il l prom main
tenant, et il tiendr s prom. Nous.. Vous.. Ils.. Louis.. Jules et
Louis..

N perm hier à Ernest de s'absent ; il part ; n le lui perm ce matin,
et il part. Il nous..

Je vous.. Tu leur.. Vous nous.. Mon Oncle et ma tante perm à
l 2 fils..

Vous lût hier le journ que j'ai lu auj ; v me l'av perm. Tu l b .
qu'il.. Je lus h que v.. Il l h.. Il l h.. q n . N l h.. qu'on..

Je me couchai hier ; mais tu n perm pas q j dorm ; tu voulu q je
me lev, et q j'écriv. Tu.. mais je.. Il.. mais nous.. Elle.. mais
Maman.. Nous.. mais Papa et Maman.. Vous.. mais ils.. Mon
frère.. mais ma sœur.. Tu dois t'attacher à faire ce q ton maître
vertueux à fait, à observ ce qu'il a observ, à évit ce qu'il a évit.
Je.. Nous.. Vous.. Ils.. Elles.. Alfr et Ed.. tout leur maître.. Nous
av vu leur parents ; nous l aurions parlé, et n l aurions attend si
n euss cru qu'ils eussent voul n accomp.. J'av vu leurs.. Ils ont
vu nos.. J'ai vu mes.. Tu as vu ses par . Il a vu ses..

PARTICIPE PRÉSENT.

225 à 228. Cet enfant est obéissant, charmant, complaisant,
obligeant, persévérant, prévoyant, aimant ; on le voit toujours
obéissant promptem, charmant les pers qui l'entend, complaisant
envers chacun, obligeant ses camarades, persévérant dans ses
études, prévoyant les danger de la paresse, et aimant à rendre
service. Ces enf.. cette jeune fille.. ces..

L'animal rampant le plus effrayant est le serpent boa ; il se
dirige en ramp vers sa proie, la fascinant et l'effrayant de son
regard. Les anim.. La bête.. les bêtes..

Nous n instruisons en lisant nos devoirs, en les étudiant et en
les corrigeant.. Tu.. Jules.. Vous.. Toi et moi.. Nous..

L'homme aimant souffre à l seule vue d son voisin souffrant
l f et l s ; son cœur aimant le bien, se plait à soulager tous les
êtres souffr. La femme.. Les h.. Les f..

C'est en se dégoûtant du trav, en repouss tous les conseils, que
ce hom est tombé dans c ét dég et rep.

Ce garçon bien portant et caressant a été vu portant son jeune frère et le caressant. Ces garç.. ces filles.. ce fille..

Ce hom voy les dang menaçant qui l'environ, se montra prév, ayant quitte une maison menaçant de s'écrouler et de l'ensevelir sous ses débris fumant.

Cette femme.. les dangers.. des bâtim.. ruines..

Ces hom.. le danger.. des mais.. décomb..

Ces fem.. le danger.. un bâtim.. débris..

Je n'ai jamais vu un enfant persévérant, rester ignorant; mais j'en connais un, ignorant les choses les plus marquant, s'amusant à des riens, négligeant ses devoirs, déchirant ses livres, repoussant mes conseils; un tel enfant se prépare des regr cuisant, des rem déchir, un avenir menaçant. J'en connais un aussi, que je vois étudiant toujours ses dev et les médit, oblig ses amis, obéiss au moind signe, amus chacun par quelque mot spirituel et piquant, m'interrogeant sur les point embarassant : celui-ci persévérant dans de si heur sentim deviendra un j h charm, un élèv reconnaiss, un fils obéiss, un voisin oblig. Tu n'as jam vu des enf.. mais tu en conn deux qui.. de tel enf.. Tu en conn deux autr q tu v.. ceux-ci.. On a jam v une fille.. Nous n'av jam vu des demois..

PARTICIPE PASSÉ.

229 à 241. Un regret cuisant a aigri mon chagrin; le temps l'aurait adouci. Des reg.. Une plainte.. a aigr ma p.. Des pl.. Mon bâtiment est fini, j'en ai couvert la toiture, et j'ai peint les appart Ma maison.. Mes bâtim.. Mes mais..

Tu as fini ce tableau, tu l'as peint, et tu l'as couv.

Tu.. ces tabl.. Tu.. esquisse.. Tu.. ces esq..

Il a fini ce t, il l'a p, il l' couv; il a f ces.. Il.. cette..; il ces esq.. Elle.., nous.., vous.., ils.., elles..

J'achetai et je mis hier un chapeau neuf; je l'ai mis aujourd'hui, et je le mettrai encore demain. Il.. Mon frère.. Ma sœur.. Mes frèr.. Mes s.. Nous.. Vous.. Toi et lui.. Toi et moi.. Mon oncle et mon cousin.

J'écrivis et je lus hier ce devoir; je l'ai écrit et je l'ai lu aujourd'hui; je le lirai et l'écrirai encore demain.

Mon ami.. ces dev.. Marie.. ces devoirs.. Nous.. ces dev.. Vous.. Mes nièces.. ces.. Il.. ces histoir.. Ils.. cet hist.. Tu.. ces hist.

Je découvris hier cet erreur; je me plaignis, je me suis plaint, et je me plains encore. Tu.. Il.. Elle.. Elles.. Nous.. Vous.. Ils.. Elles..

Tu lus hier le journal que j'ai lu aujourd'hui; tu me permis de le lire; tu me l'as permis. Il.. Vous.. Nous.. Elle.. Louis.. Louis et Casimir.. Victor et moi.. Papa..

. Nous avons vu vos parents; nous les aurions attendus, si nous eussions cru qu'ils eussent voulu nous accompagner. V av vu vos tantes.. Ils ont vu leur mère.. Tu as vu ta cousine.. Elle a vu son Oncle.. J'ai vu mes sœurs.. Louis.. Tu.. Elles..

Le pays qu'a découvert Christophe Colomb est éloigné, il est froid aux extrémités, chaud au milieu. La contrée.. Les pays. Les contrées.. Le tabac qu'a produit l'Amérique est devenu commun. La pomme de terre.. Le tab et la p.. Le sucre et le tab.. Le café qu'a produit les Ind orient.. Le café et le thé qu'a prod l'Asie.

L'arbre qu'avait planté mon père est mort; je l'ai détruit. L'arbre qu'av planté mes frères.. Les arbr qu'av.. mon père.. Les fleurs qu'av pl mon cousin.. Les œillets qu'av pl ma sœur.. Les œillets qu'av pl ma mère.. Les fleurs qu'av planté mes cousin.. La fleur.. mon ami.. Le dahlia q.. mes cousin.. Les dahl.. q.. mon cousin.

Le langage était ébauché, barbare, incomplet; la grammaire a paru; elle l'a adouci, complété. La langue.. l'art a paru.. Les langages.. Les langues..

Qu'est devenu ce roi cruel, oppress du peuple? Il a passé, il est mort, sa mém odieux est effacé, son crime seul est resté. Que.. ces rois.. l souv.. l crim.. Q.. c reine.. son souv.. son crime.. Que.. ces reines..

Une mauvaise pensée a touj vaincu celui qui l'a suivi; elle l'a souv perdu. Un mauvais cons.. celle.. Les m p.. ceux q.. Les m c.. celles..

N av reconn le monsieur que v n av montré; n l'av salué. Ils ont rec la dame.. J'ai rec les mess.. Tu.. les dames.. Il..

Tu as trouv le couteau que j'ai perdu; tu me le rendras.. Tu.. les cout.. Tu.. la plume.. Tu.. les plumes.

Ce garçon a étudié; il est devenu savant en s'appliq à ses devoirs. Tu.. Il.. Nous.. Vous.. Ils.. Ces élèves..

Ces livre que tu m'as prêt, je les ai conserv. Ces plum q il ta prêt, tu l as cons. Ces liv q mes sœurs ta prêt, tu la cons. Cet pl q mes fr ta prêt, tu la cons.

Tu t' tromp; c' eux qui t parl. N n som tromp; ces toi qui nous.. V v êt tromp; ces lui qui v..

J'ai écrit les devoirs que tu a vue; je l'ai lu, et je l'ai mis au net. N av écr le dev q..

Celui qui a menti a été puni; car on ne l'a plus cru quand il a dit la vérité. Celle.. car vous.. Ceux.. car tu.. Celles.. car nous..

J'ai aperçu tantôt mon cousin, je lui ai parlé; il m'a reconnu. Tu.. ta cous.. Il.. ses cous.. N av ap.. ma c..

La troupe q n av vu partir était bien discipliné. Les tr.. Le régim.. Les régim.

N v envoyons le liv q v m'av paru désirer. Je v.. les liv qu'ils.. Leurs deux frères l env les liv qu'elles..

Le mal qu'ils ont laissé faire est grand. Les m.. La douleur.. Les douleurs..

J'av deux beau serin; tu l a laiss mour de faim. N av un.. v.. Ils av une b perr; on l.. V av un perr et un ser; il..

J'ai vu ces hommes se disp; je les ai laiss expliq leur différent, et je les ai laiss accord par l juge. Tu.. ces femmes.. J'av c fem et c fille.. Elle.. ce garç et ce homme.

L'air q n av entend chant n a charm. Les airs que tu . Les chans q v.. La ch qu'ils.. La chanson et l'air q ma sœur.. La chanson et la musiq q mes frèr..

L'histoir q j'ai entendu lire m'a égayé, et m'égaie encore. Les hist q v.. Le récit qu'ils.. L'hist et le réc q n..

J'ai découv des voleurs; je l'ai vu vol des fruits, et je les ai vu sais par les gend. Nav vu un voleur.. Nav.. une.. Il a découv deux voleuse, il .

Quel est la liq q je t'ai vu vers à mon père, et q j m suis vu vers par mon père? Q.. les.. tu q.. les vin q nous.. q.. les v q elle .

J'ai cherché la leçon qu'on m'a donné à étudier. Tu.. les.. Elle . les dev.. N. les dev.. V.. la leç et le d.. Ils.. l leç et l'hist..

N'a-t-il pas étudié la leçon que lui a donn son maître. N'ai-je p les l.. N'av v p étud le dev.. Nont il p.. la l.. Na tu p.. l leçon et l dev.. Nav n p.. les leç et le dev..

Nav nous pas été priv du plaisir q n avions espér goût chez lui? N'av v.. de la satisf.. N.. ils p.. de la joie et de la satisf.. N.. je . des pl . N.. tu. des agrém .

Cette troupe av attaq n posit; v l av f charg, et v l'av f prisonn. Ces troupes av att.. je l.. ces régim.. tu l.. Ce bataill nous.. je l . L'infant et la caval.. il l a.. C bataill et c rég.. nos soldats..

J'aur voul q ces hom eu répar le mal qu'il on fait et celui qu'il on fait faire. Tu.. ces personn. Il aur . q c hom et c fem.. N.. q ce homm . les fautes.. V.. ces fem.. les maux.. Ils.. l'hom ou la fem.. la faute..

Le pêcheur q j'ai vu pêch était très-content; les poiss q je lui ai vu pêch ét fort beaux. Les pêch les poiss. La pers.. les carp.. Les pers.. l truite..

Quel pleur a versé cet enfant! Quel mal a souff cet fem! Q pat a montr ces hom! Q doul a souff nos am! Q dang tu a cour! Comb d'an ont-il vécu? Q de fois n av ri! Comb d'hom est mort de fin! Comb d fois ils ont menti! Q d pein et d souc il n est survenu!

Ils ont fait tout les eff q ils on pu, et les récomp qu'il on voul l a été prom et accord. J'ai.. Tu.. Louis.. Nous.. Toi et Louis . Louise et Julie..

N n som aperç qu'on n av tromp, et n n som propos d récl. Vous.. Il.. Je ne.. Tu.. Elle..

V v êtes aperç d ces err, et v v êtes prop p l répar. Il.. Je.. Tu.. Elles..

Ces hom s'ét donn pour chrét, et ils se sont donné la mort, ils s s tromp. Cet hom.. Cet fem.. Ces fem..

N n somm partag en plus corps; n les av vainc, et n n somm partag leur dépouille. V v.. Ils s.. Notre armée.. Nos troupes..

V leur avez déclaré la guerre, parce q il se sont décl contre vous. N lui. Tu.. à cette nation.. J'ai d.. à ces peupl.. Notre roi leur..

L'ennemi a voulu s'emparer de l ville; mais il s'est repenti de sa témérité; il s'est moq d nos menac; mais il s'est souven un peu tard do notre courage. les ennem.. L'armée ennem.. Les armées ennem.. La flotte et l'arm.. Le roi ou son général..

Le roi qui a régné l pl heureusem est cel qui a fait le pl d bien qu'il a pu. Les rois . La reine.. Les reines.. Le roi et la r.. La reine et la princ..

Le danger q j'ai couru dans la piéce q j'ai joué ma fait regrett les nuits q j'ai pass à l'étud. Les dang q tu.. Les aventures qu'il . Le dang q nous .

Tu lui as ri au nez et tu t ri d ses menaces; il t'av plu d'abord, mais il s'est plu à t tourment. Je.. elles.. Ils v.. Elle v . Nous leur. , ils.. Il t..

Le père a été appel à l réun qui s'est fait, et après la discuss qui s'est engag, il a pass au scrut. N . au réun. et apr les déb.. V.. au cons.. et apr le déb.. Ils . à l réu . et apr les discuss.. La mère.. à la réun et au cons..; et apr . les déb..

EMPLOI DES SIGNES ORTHOGRAPHIQUES
ET DES LETTRES MAJUSCULES.

Nᵒ 265 à 275. Les alp et le jura sont des mont qui sép la fr de la s et de l'it. L'archit a pris naiss en asie, mais c'est en gréce qu'elle s'est perfect

Les belg ont eu la guerre avec les holl. Les sold franç se s emp d'anvers.

La fr est baig par la m, par le gr oc et par la mer médit. Les beaux-arts sont la peint, la scul, l'arch, la mus et la danse. Nous étud la géom, la phys et la chim.

jean-le-bon fut fait pr à la bat de p. ch cinq le s lui suc. Le vieillard et les trois jeunes hommes est une des p bel fable de La F. Les protest et les juifs sont protég par nos lois. Les angl sont presq t prot.

L'épée du génér a été brise. La tabat d'ebene est tomb. Le dessert est servi. Il y eut hier une tempete sur mer. J'ai ach une flute, que je donn à mon fr, le jour de sa fête Ou est la place de jules? elle est la ; il y est deja, il acheve des a pres sa priere Il parti des le mat. Des enf cour ça et la.

> *Qu'il alla ou qu'il vint, qu'il but ou qu'il mangea,*
> *On l'eu pris de bien court a moins qu'il ne songea*
> *A l'endroit ou gisait cette somme enterree.*

Votre mais est plus b q la no; mais notre jard est plus gr q le votre. Tu vois qu'il s'est tu parce qu'il a du se taire; en gard le sil sur ce qu'il sais, il a pris le parti le plus sur. Nous prime la tasse de faience et nous la plac d un lieu sur. Ce baton de chene est sur le mur. Ou croit qu'il conn cet hotel. Nous ne connaiss pas votre gout, mais n le connaitr. Les fr sont pl tot mur le l d mur. On ne croit pl les ment, même qu il d la vér. L'aune croit dans les lieux humid.

V maison est contigu à la notre La facade du chat a reçu une fraîche amélior. La baionn a été inv à bayonne; c arme a la pointe assez aigue. L'enf naif haira le mens. La cigue est un poison. noe, moise, saul, isaie etait israelite. La henriade est un poeme heroique. C'est lonze de ce mois qu'elle a prononcé loui qui l'engage pour touj. Quoiqu'aband de ses amis il désarc ce cav. Quelq amis quon soit, quelq habile q tu sois. C ouvr est presq achevé. Le contre-amiral a donné contre-ordre. Si Isidore vient, il m'at, si il désire quelq arg. Il a vu sa gr mère et sa gr tante à la gr messe.

Charles le bel succéda à p le h. bar le duc est le chef lieu du dép de la m. Il dem vis à vis de l'Hotel Dieu. Peut être ira t il lui-même au dela de la riviére. C'est toi, ou c'est moi qui cueill ces fig. Est ce la ce quon ma prom? Hardi qui les irait prendre aussi ne les y prit on pas. Il y a en Dieu trois pers. Va t en, all nous en. Fiez vous y. Les amis de ce pays la val bien dit on ceux du notre. On sen allait les vendre gard v en bien. Donn le moi. Trés bon fort bon. Il loua très fort sa polit. Quat c d ans av j-c, dix mil grecs, reduit a huit mil six cent, fit une retraite de plus de six cent lieue. rom fond rome s c cinq ans av j-c. Il s'est écoulé mil huit cent ans dep la naiss de j-c.

EXERCICES GÉNÉRAUX.

ORTHOGRAPHE ET ACCORD DES NOMS, DES PRONOMS ET DES ADJECTIFS.

Les prov du nord de la Fr offr des plaine vaste coupé par des coll; celle de l'est et du midi sont, en gr partie, couvert de montag; le sol des prov de l'ouest ne présente pas de haut considér. Cinq gr fleuve et beau de riviére arros la Fr; de bel route, de nombr can favorise le comm et l'industr. La Fr jouit d'un air pur et sain; au nord, les hiver sont quelquef rigour, tandis que dans le midi, les été sont lon et ch, le ciel touj sereiu, et les froi de peu de durée.

Les franç sont gai, plein d'esprit, poli, industr, leur langue est la plus répandu de tout les lang vivant. Leur gouvernement est basé sur une charte constitutionnel. Il fabriq des dra des étoff de soi des toil de coton, de lin, de chanvre; des dentell, des galon, du cuir, des chapeau, des tapi, des toile peint, du papier, des glace, de la porcel, de la quincaill, de l'horlog, de la bijout, du tab, du sav, des essence, de l'eau-de-vie, du vinaig, du sel, etc., etc.

Les anim rend des service importan à l'hom. Les chev, les ane, les éléph et les cham lui serve de monture; il le traine et porte ces fardeau et ses provision. Les chien l'accomp à la chasse, et veill sur ses propriété. Les cha, les heriss détruis une foule d'anim nuisibl, les bœuf, les coch, les chèvre, les breb, les lièvre, les lapin et autre lui serv de nourriture; les cétacés, comme la baleine, lui fournit de l'huile, des fanon, de l'ivoire, des bougie etc.; D'autre anim lui procur des fourrure, des peau, du cuir, et du poil dont il fait des tissu, des chap, etc.

Les hom de la race caucasique sont les mieux fait ; il habite particuliérem l'Europe. Les homm de cet race ont le visage ovale, presque vertical, le nez saillant, les chev lon, flexible ; pla, de couleur variable, du bleu au noir foncé ; la peau blanc, et le teint coloré. Les individu de la race mongol, tel que les Tartare et les Chinois, ont le visage pla et ron, les joue saillan, le nez écrasé, les yeux peti, les chev noir et pla ; la peau brun, ou d'un jaune rougeâtre. Ceux qui vive sous la zône glacial sont peti et n'on pas plus de douze décimètr de haut.

Les hom de la race nègre vive dans les région les plus chau de l'Afrique ; leur visage est oblique, leur machoire saillan, leur nez épaté, leur lèvre gros et épais, il forme un museau ; leur joue sont large, leur chev noir, cour, fin et crépu comme de la laine ; leur peau est noir. La race américain a la peau cuivré, le visage large, les chev noir, pla, lon et gros ; il n'on presque point de barbe. Les Patagon sont d'une taille plus élevé que cel des Européen. Les peuple de cet partie du monde sont encore sauv ; quelques-uns dévore même leur prisonnier ; c'est ce qui les a fait nommer anthropophage.

Voyez ces plage déserte ; ces triste contrée ou l'hom n'a jamais résidé ; elle sont couver ou hérissé de bois épais et noir. Dans toute les partie élevé, des arbr sans écorce et sans cime, courbé rompu ; d'autre renversé sur des monceau déjà pourri : dans tout les partie bas, des eau morte et croupissante, faute d'être conduit et dirigé ; des terrain fangeu, des marécage couver de plante aquatique et fétide. Entre ces marais infect et les forêt qui occupe les terre élevé, on voit des lande, des savane qui n'ont rien de commun avec nos prairie ; les mauvais herbe y étouff les bon. Ce sont des végétau agreste, des herbe dur et épineux.

Ces herb entrelacée les un dans les autr form une bourre epais et grossié. La nature brute est hideux et mourant, mais que l'hom mette le feu à cet bourre superflu, à ses vieil forêt à demi consumé, nous verrons paraître les herbe doux et salutaire ; des troupeau d'animau bondissant foulerons cet terre aupar inculte et déser. Qu'elle est bel, cet nature cultivé ! que par les soin de l'homm elle est brillan et pompensem paré ! Que des trésor ignoré ! que des richesse nouvel ! Les fleur, les frui, les grain perfectionné, multiplié à l'infini ; les espèces utile d'anim transporté, propagé, augmenté.

Les espèces nuisible redui, confiné, relégué ; l'or, et le fer plus utile que l'or, tiré des entrailles de la terre, les torrent contenu, les fleuve dirigé, resserré ; la mer soumi, reconnu, traversé ; la terre rendu vivant et fécon ; les colline chargé de vigne et de fruit ; des routes ouver et fréquenté ; des communication établi partout ; les déser devenu des cité ; des côteau couronné d'arbre fruitier ; les vallé couver de troupeau nombreux ; les campagnes revêtu de riches moisson. La nature brute est hideux et mouran ; nul route, nul moyen de communic. L'hom obligé de suivre des trace inégal dans les sentier étroi et battu des bêtes féroce, est contrain de veiller pour évit d'en deven la proie.

Des collines plus ou moins élevé appuie leur cime verdoyan sur les flanc des montag. Des eau pur et distribué en ruiss limpide, ou en cascade argenté, ajoute au charme de la contré. Voyez comme ces cabane dispersé se groupe avec les masse de verdure qui les environn; chacun d'ell est abrité contre le vent du nord par des bosquet d'orme, de hêtre ou de chêne ver · chacune a son verger entouré d'un haie vif, entremêlé d'arbuste odoran; au devant, sont des ch cultiv qui se couvr de légume savoureux ou de moisson abond.

Si la douleur de notre captiv ne nous eût rendus insensible à tous les plaisir, nos yeux aur été charmé de voir cette terre fertile, semblable à un jard délici arros par un nombr infini de can. Nous ne pouvions jeter les yeux sur les deux riv, sans apercev des ville opulent, des maisons de camp agréabl situé, des terre qui se couvr tout les an d'une moiss doré, sans se reposé jamais; des plaine et des prairie pleine de troupeau; des laboureur accablé sous le poids des fruits sain et agréab. qu'il tirait du sein de la terre; des berg qui fais répété les doux son de leur flute à tout les écho d'alentour

Les femm file cet bel laine; il en font des étoff fin d'un éclatan et merveill blancheur; ell font le pain, et il aprête à mang; ses trav leur sont facile, car on ne vit en s pays q d fruit ou d lait; rarem d viande. Elle emploi le cuir de leur mouton à faire une chaussure lég pour eux, pour leur mari et pour leur enfant; ell font des tente, dont les un sont d peau ciré, les autr décorce d'arbr; ell font et lav tout les habit de la famille, et tient les maison dans un ordre et une propreté admirable. Leur habit sont aisé à faire; car, dans cet doux contré, on ne porte qu'une pièce d'étoff fin et lég.

Cett vill est semblabl à une jeune plante nourri par la doux rosé de la nuit, et qui sent des le matin les rayon du sol qui vient l'embel; il croit, il ouvre ses tendre bouton; el épanouit ses fleur odoriférant avec mille couleur nouv; à chaque instant qu'on la voit on y trouve un nouv écla. Ainsi florissait la nouv ville sur le rivage de la mer; il croissait avec magnific, et ell montr de loin au étrangé de nouv ornem d'architecture. Toute la côte retenti des cri des ouvr et des coup de mart; les pierre était susp en l'air avec des grue par des corde.

Tous les chef anim le peupl au travail; le roi donnait partout les ordr lui-mêm, et fais avanc les ouvrag avec une incroyable diligence. J'admir l'heur situat de cet gran vill qui est au milieu de la mer; la côte voisin est délici par la fertil, par les fruit exqui qu'il porte, par le nombr de vill et de villag qui se touch presque; enfin, par la douc de son climat; car les montagn met cet côte à l'abri des ven brûl du midi; ell est raffraîch par les ven du nord, qui souffl du côté de la mer.

Ce pays est situé au pied du mont Liban, dont le sommet fen les nue, et va touch les artre; une glace éternel couvr son front; des fleuv plein de neige tomb comme des torr des roch qui envirr sa tête. Au dess, on voit un forêt de cèdre antiq qui paraît aussi ancien que la terre ou il son planté, et qui porte leur branch épais jusque vers les nue. Cet forêt a sous ces pied de gras patur dans la pente de la montag; c'est là qu'on voit errer les taur qui mugi les breb qui bêl avec leur tendr agn bondis sur l'herbe.

On voit au dess de ses pâturag le pied de la mont, qui est comme un jard; le print et l'aut y règn ensemble, pour y joindre les fleur et les fruit Jamais ni le souffle empesté du midi, qui sèche et qui brûle tout, ni le rigour aquilon n'a osé effac les vif couleur qui orn se jardin. Cet gran vill semble nag au dess des eau, et être la reine de tout les mer. Les marchan y abon de tout les partie du monde, et ses habit sont eux mêm les plus fam march qu'il y ait dans l'univ. Elle a deux gran môle semblab à deux gran bras qui s'avanc dans la mer.

On voit comme une forêt de mât de nav, et ses nav son si nombr qu'à peine peut-on découvr la mer qui les porte. Tout les citoyen s'appliq au commerce, et leur grand richess ne les dégoûte jam des trav nécess pour les augment. On y voit de tous les côté le fin lin d'Egypte, et la pourpre tyrienne, deux fois teint d'un éclat merveill, cet doubl teint est si vif que le temps ne peut l'eff; on s'en sert pour des laine fin qu'on rehausse d'une broderie d'or et d'argent.

Je ne pouv rassas mes yeux du spectacl magnifiq de cet gr vil, où tout était en mouv. Je n'y voy point, com dans les vil de la Grèce, des hom oisif et curieux qui von cherch des nouvel sur les place publiq; ou regard les étrang qui arriv sur le port. Les hom sont occupé à décharg leur vaiss ou à rang leurs magas, ou à les vend et à tenir un conte ex de ce qui leur est dû par les négoc étrang, les fem ne cess jamais de fil les laine, ou de faire des dess de broderie, ou de plié les rich étoff.

ORTHOGRAPHE ET ACCORD DES VERBES.

On voyait pein sur ce bouclier des vieillard qui port dans les templ les prémice de tous leur fruit; des jeune hom qui, lassé des trav de la journé reven vers leurs épouse qui all au dev d'eux, menant par la main leur pet enf qu'ell caiess. On voy aussi des berg qui paraiss chant; quelq uns danse au son du chalum; tout représent la paix, l'abond et les délice, tout paraiss riant et heur. On voy dans les pâturag les loup se joué au mil des mout; le lion et le tigre paissait avec les tendr agn; un pet berg les men ensemble sous sa houlette, et cet aimabl peinture rappel les charm de l'âge d'or.

Pendant le jour, je m'égar sur de gran bruyère terminée par des forêt : qu'il fall peu de chose à ma rêverie! Une feuill séch que le ven chassai dev moi, une cabane dont la fum s'élev dans la cime dépouillé des arb; la mousse qui tremb au souffle du nord sur le tronc des chêne; une roche écarté, un étang déser où murmurait les jonc flétri. Les cloch solitaire s'élev au loin dans la vall attir mes regar. Souv je suiv des yeux les ois de passage qui vol au dess de ma tête. Je me figurai les bor loint où il se rende; j'aur voul être sur leur aile.

Quelq hom ont le teint frais, le visage plein, ét les joue pend, les yeux fix et assur, les épaul long; l'estomac haut; la démarche fier et délibéré : il parl avec confiance; il font répét ceux qui l'entretieu, et il ne goute que médiocrem tout ce qu'on leur dit; il déploie d'ampl mouch, et se mouch avec gran bruit; il crach fort loin, et il éternue fort haut; il dorm le jour, il dorm la nuit, et profondém; il ronfl en compag; il occupe à table et à la prom plus de place que les autres; il tien le mil en se promen avec leur égal; s'il s'arrête, l'on s'arrête; il continue de marcher, et l'on march; tous les autr se règl sur eux.

Des hom interromp et reprenn ceux qui parl; on ne les interr pas; on les écoute aussi longtemps qu'il veul parl, on est de leur avis; on croit les nouvel qu'il débite; s'il s'asséie, vous les voyez s'enfonc dans un faut, crois les jamb l'un sur l'autr, froncé les sourcil, abaiss leur chap sur leur yeux pour ne voir personn ou le relev ensuite, et découvr leur front par fierté ou par audace; il sont enjoué, gr rieur, impatien, présompt, colère, libertin, politiq, mystérieux, sur les affair du temps; il se croi des tal et de l'espri; il sont rich et fat.

D'autr hom on les yeux creux, le teint échauffé; le corps sec, le visage maigre; il dorm peu, et d'un som fort agité; il sont distrait, rêveur; il oubli de dire ce qu'il sav; ou de parl d'évén qui leur son connu; ou, s'il le font, il s'en tir mal; il cont brièvem, mais froidem; il ne se font pas écout; il ne font point rire; il applaud, il souri à ce que les autr leur dise, il sont de leur avis; il cour, il vol pour leur rendr de peti service; il sont complais, flatteur, empressé; il sont mystérieux sur leurs affair; quelquef menteur, ils sont superst, scrupul, timid; il march doucém et légèrem; il sembl craindr de touch la terre.

Ces hom march les yeux baissé, et il n'os les levé sur ceux qui pass; il ne sont jam du nombr de ceux qui form un cercl pour discourir; il se mett derrière ceux qui parl, recueille furtiv ce qui se dit, et se retire si on les regarde; il n'occupe point de lieu; il ne tienn point de place, il vont les épaule serré, le chap baissé sur les yeux, pour n'être point vu; il se replie et se renferm dans leur manteau; il n'y a point de gallerie si embarrassé, si rempli de monde où il ne puiss pass sans être aperçu; si on les prie de s'asseoir, il se mett à peine sur les bor du siége; il sont pauvre et sot.

Ce pays sembl avoir conserv les délice de l'age d'or; les hiver y son tiéde, et les rigour aquilon ni souffi jam; l'ardeur de l'été y est touj tempéré par des zéphyr rafraîchiss; la terre, dans les vall et dans les camp uni, y porte chaq anné une doubl moisson; les chemin y sont bordé de laur, de grenad; de jasmins et d'autr arbr touj ver et touj fleuri. Les montagn son couver de troup qui fourniss des laine fine recherché de tout les nation connu. Il y a plusieurs mine d'or et d'arg dans ce beau pays; mais les habit simpl et heur ne daig pas seulem compté ses méteau parmi leur richess.

Autour de ces marais, il ne croissais ni herb ni fleur ; on n'y sentais jam les doux zéphyr, ni les grâce naissan du print. La terr sec et arride y languiss ; on y voy seulem quelq arbuste dépouillé, et quelq cyprès funebre. Cérès refusai au labour ses moiss doré ; Bacchus semblai en vin y promettr ces doux fruit ; les grap de rais se desséch au lieu de mûrir. Les Naïade trist ne fais point coul une onde pur ; leurs flot été touj amer et troublé. Les oiseau ne chant jam dans cette terre hérissé de ronce et d'épine, et ni trouvai aucun bocage pour se retiré ; il all chant leurs amour sous un ciel plus doux.

Ceux qui ne sav pas attendre et souffrir sont comme ceux qui ne sav pas gard un secret ; les un et les autr manq de fermeté pour se retenir, comme un hom qui cour dans un chariot, et qui n'a pas la main assez ferme pour arrêté, quand il le faut, ses chev foug : ces anim n'obéiss plus au frein ; il se précipite, et l'hom faible est brisé dans sa chute. Ainsi les hom impatien son entrainé par leurs désirs farouch et indompté : il n'attende rien, il force toute chose pour se content ; il romp les branch pour cueill les fr av qu'il soit mur ; il brise les porte, plutôt que d'attendre qu'on les leur ouvre ; tout ce qu'il font est mal fait.

Hélas ! à quoi les roi sont exposé ! Les plus sage même son souv trompé ; des hom artificieux et intéressé les environ ; les hom vertueux ce retire, parce qu'il ne son ni empressé ni flatteur ; il attend qu'on les cherch ; et les prince ne sav guére les aller cherch ; au contraire, les hom cupide et ambitieux sont hardi, trompeur, empressé à s'insinué et à plaire, adroit à dissimulé, prêt à tout faire contre l'honneur et la conscience pour contenté les passion de ceux qui règn Les roi ne cherch pas avec assez de soin à procur le bonh des peupl qu'il gouverne ; il ne veul souv pas entendre une vérité qui pourrait les offensé.

Essayé de surmont les difficult qui se trouv dans vos devoir ; surmont l'ennui que v pourr y éprouv d'abord, et vous pourrez goût bientôt la douc satisf de les écr sans auc faute. Les astronome peuv prédir surem les éclipse total et partiel. On crain de les induir en erreur, en cherch à les prémunir contre les nombr équivoq qui se rencontr dans son ouvrage. Cet uniforme vaux mieux que cel q nous vous av proposé. Ceux qui son ce qu'il paraît ; tiendr se qu'il on promit. Les jeun gens doiv cherch les moyen de deven savan, et profité de ceux qui leur es offert. Les hom dont l'éducat et l'instruct a été négligé ; souhaite, mais en vain, de réparé les heure perdu ; les moment passé ne revien plus.

Est-ce donc ainsi, ô jeune téméraire, q tu es venu dans mon île pour échappé au naufrage q Neptune te préparai, et à la veng des Dieu ! N'est tu entré dans cet île, qui n'es ouver à aucun mortel, q pour mépris ma puiss ! Puisq tu est enc plus dur et plus injuste q ton père, puisse-tu souffr des maux enc plus long et plus cruel q les sien ! Q jamais tu ne revoi ta patrie ; ou plutôt que tu périsse en la revoyant, et q ton corps devenu le jouet des flot, soit rejeté sur le sable de ce rivage ! Q mes yeux le voit mangé par les vautour! ceux q tu aime le verr aussi, il en aur le cœur déchiré et leur désesp fera mon bonheur.

Fils du sage Ulysse, il faut q tu devienne comme lui gran par la patience; les prince qui on touj été heur ne sont guère digne des gran fonction qui leur a été confié par les dieu; la noblesse les corrompt l'orgueil les énivre. Q tu seras heur, si tu surmonte tes malh, et si tu ne les oublie jamais! Tu reverra Ithaque, la ville capital de ta cher patrie, et ta gloire montera jusqu'au astre. Quand tu sera l maître des autr hom, souv toi q tu a été faible, pauvre et souffr comme lui; pren plais à les soulag; aime ton peuple, et sache que tu ne sera gran qu'autant q tu détestera la flatterie et tu sera modéré dans tes désir, et courag pour vaincre tes passion.

Ces parole divin entrer dans mon cœur, et y fir renaître le courage et la joie. J n senti point cet horreur qui fais dress les chev sur la tête, et qui glace le sans dans les vaine, quand les dieu ce communic au simpl mortel : je me levai tranquille! j'ador, à genou, les main lev vers les ciel, Minerve à qui j cru devoir c oracle. En même temps, je me trouv un nouv hom; la sagesse éclair mon esprit; je sent une douce force pour modér mes passion, et pour arrêt l'impétuosité d ma jeunesse. J formai la vif résolution d m'abandonn a ses sentim qui rempliss mon cœur, et qui me port à vouloir l bonheur des homm; je sent que, si les citoyen on besoin des roi, les roi n serait rien sans les peuple

Tu me demande pourq Pythagore s'absten de mang de la chair des bête? Mais, moi, je te demand au contraire quel courage il fallu au prem hom qui approch de sa bouch une chair meurtri; qui brisa de ces dent les eau d'une bête expirant; qui fit serv dev lui des cor mor, des cadavr, et qui englout dans son estom des membr qui, un instant auparav, bêlai, mugiss, march et voy? Comment sa main pu ell enfonc un fer dans le cœur d'un être sensibl? Com ces yeux put il support un meurtre? Comm pu il voir saign, écorch, démembr un pauvr animal sans défense? Comm pu lil support l'aspect des chair pantelant?

Com l'odeur de ses chair ne lui fit il pas soulev le cœur? Com ne fut-il pas dégoût, repouss, saisi d'orreur, quand il vint à manié l'ordure de ses blessure, a nettoyé le san noir et figé qui les couvr

> *Les peau fumait sur la terre, écorché;*
> *Les chair, au feu, mugiss embroche;*
> *L'hom ne pu les mang sans frem,*
> *Et, dans son sain, les entend gém.*

Voilà ce qu'il du imagin et sent la premier fois qu'il surmonta la nature pour faire ce horribl repas; la prem fois qu'il eu fin d'une bête en vie; qu'il voul se nourr d'un anim qui paissait encore.

Voilà ce qu'il du éprouv la prem f qu'il dit comme il fall égorg, dépéc et cuir les breb qui lui léch les main. C'est des peupl qui commencer ses cruel festin, et non de ceux qui les quitte qu'on doit s'étonné. Encore, ses prem hom la pourr il justif leur barbar par des excuse qui manq à la nôtre; ce qui nous rend cent fois

plus barb qu'eux. Mortel bien aimé des Dieu, nous dir ses prem
hom, comparé les temps; voyez combien v êtes heur, et comb
nous étions misérab! La terre nouvellem form, en l'air chargé de
vapeur était encore indocile à l'ordre des saison.

Le cours incertin des fleuv et des riv dégradai leur riv de tout
part. Des étang, des lac, de profon marécage inond les trois quart
de la surface du globe; l'autre q était couver de bois et de forêt
prof et stérile. La terre ne produisais nul bon fruit; n n'av nul ins-
trum de labourag, n ignor lar de nous en serv, et le temps de la
moisson ne ven jam pour ceux qui nav rien semé. Aussi, la fin ne
nous quitt point L'hiver, la mousse et l'écorce des arbr était nos
mets ordin Quelq racin ver de chiendent ou de bruyère était pour
nous nn égal, et, quand les hom av pu trouv des faine, des noix
ou du gland, il en dans de joie autour d'un chêne ou d'un hêtre.

Quand la terre dépouillé et nu ne nous offr plus rien, forcé d'ou-
tiag la nature pour nous conserv, n mang les compagn de notre
misère pl tôt que de pér avec eux. Mais vous, hom cruel, qui vous
force à vers du san? Voyez quel affluence de bien vous environn!
Combien de fruit vous produi la terre! que de richess v donn
les chan et les vign! Que d'anim v offr leur lait pour v nourr, et
leur toison pour vous habill! Que leur demand vous de plus? quel
rage vous porte à commettr tant de meurtr? Rassasié de bien et re-
gorg de vivre, pourq mentez-vous contre notre mère, en l'accus
de ne pouv vous nourr?

Pourq péch vous contre Cérès, inventrice des sainte loi, et
contre le gracieux Bacchus, consolat des homm? comme si leur
don prodigué ne suffis pas à la conservation du genre hum! Comment av v le cœur de mêlé avec leur dou fruit, des ossement sur
vos tabl, et de mang, avec le lait, le san des bête qui v le donn?
Les panthère et les lion, que v appel bête feroce, suiv leur instinct
par force, et tu les anim pour vivre; mais vous, cent fois plus féroce qu'elle, vous combatt l'instinct sans nécessité pour v livr à
vos cruel délice.

Les anim q v mangé ne son pas ceux qui mange les autr; v n
les mang pas, ces anim carnass, v les imit. V n'av fin q de bêt
innocent et dou, et qui ne fait de mal à pers, qui s'attache à v, qui
v serv, et qu v dévoré pour prix de tout les service qu il v rende.
Hom impitoyab! tu commence par tué les anim, puis tu les mange,
pour les faire mourir d fois Ce n'est pas assez, la chair mor te ré-
pugn; tes entraill ne peu la supp, il te la faut transform p l f; la
faire bouill ou rôt; l'assaisonn de drog qui la déguis; il te faut des
charcut, des cuisin, des rotiss, des gens pour t'ôté l'horreur du
meurtre, et pour l'habill des corps mort, afin q le sens du goût,
trompé par ses déguisem, ne rejet point ce qui lui est étrang.

Il faudr qu'il retir les immondice qu'il on jeté à la porte de cet
auberge. Il faudrait q n retir d'entre leur main l'acte q nous leur
av confié. Ce hospice a été fondé sous les heur hospice de Louis 14.
V n'av pers au monde qui v soi plus attaché que je v le suis. Les
épisode de ce ouvrage ne son ni trop cour ni trop lon, et me pa-

raît bien amené. Quelq peuple sauv laisse croître leur ongle et leur
barbe. Les légume son bien meilleur quant la terre qui les a pro.
duit a été arrosé. Tout les exemp de cet ouvrage qui ne serai pas
revêtu d paraphe de l'auteur, doit être considéré comme contre.
fait. Dans cet espace déser, de quelq côté q nos troupe port leur
pas et tourn leur reg, il n'apercevait qu'un horison immense et
un atmosphère brûl.

SUJETS DE STYLE.

CARACTÈRES ET PORTRAITS *.

T est un enf obéiss et doc; il s lais guid par c qui on droit d
l com; il écout les av d s par et d s maît; il mont une soum ent
à l vol; il est persuad qu'il v l rend heur et bon; qu'il s c qui l est
ut ou nuis; il l ob av joie, il cherc mêm a dev, a prév l vol et
l dés. S docil l proc d gr avant et d gr agr; il obt d s étud pl d
suc q les aut; il est aim d t s prof; il est tendr chér d s par; s
camar l procl le meill él d l clas; il jouit déj d'une réput qui l f
des am, pour l temps ou il entr d l monde. S par fond s l l pl bel
esp; il s heur d'av un tel enf; il l combl d car et d s; il v au dev
d s dés; il l proc tout c q l est ut ou agr.

Je suis .. J'étais .. Je fus .. Je serai .. Je serais .. Il faut que je
sois .. Tu .. Nous .. Vous .. Ils .. Elles .. F et L .. On voudrait que
je .. Je ne suis pas .. Etc., etc.

T est un enf indoc et désob; il n'éc ni les av d s par, ni l cons
d s maît; il est sour a l exhort; il s rév cont eux. On est obl
d'empl l contr et l chât p l faire f s dev, ou il n l fait qu'av
répug, et touj tr m; l douc et l persuas s inut; il n'ob qu'en grog,
en murm. L résult d'une t cond est ais a dev. T est ign; il n'obt
jam d suc ni d récomp en cl; l maît n l adr jam une par aff; on
l gr, on l reprim, on l p sans c, et s'il n s cor pas, il ser incap d
met ord a s aff, quand il ser gr : Il dissip s fort, il mend; il ser h
t au plus a gard l dind, ou a ram les excr des anim s l chem, puis
il ir mour à l'h.

C est un enf tr propr; il s lav l m et l fig chaq f q cel est néc,
il a l pl gr s d s hab; il ni souff ni tach ni tr; lors m qu'il s déj us,
il l f enc honn; il sait q l soin et l propr f dur l ch long-t, il a
dans s pers quelq ch d'attr, qui manq a des enf pl richem vêt q l,
on n p s'emp d l'aim, et d'adm l parf conven d s tenu et d t son
extér. Quand on l conn intim, on l'aim enc d'av, en voy quel préc
il app d l'arrang et p l conserv d c q lui appart. Chaq ch est a s
pl; s liv, s cah, s pl, tout est parf rang d s pup, d s mal, d s cart;
ses liv par sort d ch l libr, tant il s bien conserv S cah n s jam
chiff, mac ni déch; s écrit est net et rég, et fait pl a v. L récomp
d t c s c'est pour C l vu mêm d l'ord et d l propr q régn aut d l,

---

* Quelques-uns de ces sujets sont tirés des *Caractères et Portraits*,
de M. MEUNIER, anc. dir. de l'École normale d'Evreux.

et s lui. C'est l satisf qu'il a d conserv l t les obj qui l pl; c'est l'agr d l trouv touj s s main; c'est l pl d rend heur c maît et s par.

L est un enf sob; il mang mod, propr et a d heur régl; hors d c h, il ni song p; on l offr des gât, qu'il aur d l p a l accept; auss s port il bien; il est lég, v, al, il cour com un cerf; il saut c un chev; il est fort c herc; il mett en dér un arm t ent d·goul, d glout, d goinf, d goul et d bafr.

A est un enf gourm; il n vit q p mang; il f son Dieu d s vent; il n f pour ainsi d qu'un rep par j. Il mang si glout, s malpr qu'il s barb la fig dep un or jusqu'à l'aut; il en a pl l bouch; il s'en m au nez, au ment, sur c vêtem Il y a quelq il f pr d col viol; on f obl d l admin plus clyst, p l dég l intest; il s'ét bour l'estom d gal et d beig. Il est s avid, s goul, qu'il ess parf d chip l din d s camar. Un j, il s trouv s ch lui, il découv s l h d'un arm, une tass rempl d'une pat bl et sucr; il en av déj mang une bouch, lorsq s m entr, ell jet un cr perc, et fit tomb des m d l'enf l tass qu'il ten : c'ét une prép d'arsen, pour f mour l rat. A eu d col affr; on parv cep a l sauv l v, en l fais boir beauc d lait. Depuis lors, il est pl sob.

P est un enf labor; on l voit touj s'occup d ch util; c'est p lui un plais, et non une p. Il est persuad q l trav est l sourc du bien êtr, d l sant, d l moral, d l dig, d l'indép : c consid l f trouv agr l occup l pl pénibl, l pl diffic. Si parf il épr d dég, il l surm av cour; lorsq il ress d l fat, il s rep un mom, et il recom bient, ou b il s délas en chang d trav; rien n p l rebut, rien n p l distr; propos l d joué, de s'am, lorsq s dev s inach, il v ref t net, et v pr d l lais cont; souv il ren a une part d plais p exécut un tabl, une pièce de dess; s par s quelq f obl d l ôt s liv, d'éteind s chand p l forc à prend d rep, c n'est p qu'il haïss l j, bien au contr; mais s devise fam est : *Le trav av t, et l plais apr.* Auss f il d progr remarq d s étud; il est l prem d l class; chaq ann il remp t l pr; auss s maîtr l'aim, s camar l'est, s par le chériss: s réput est déj fait, et quand il ser en âg d s liv à quelq prof, il n'aur qu'à s prés, il sera parf accueill part.

P est un enf paress, il a horr d trav; il ne f jam s dev d clas; il n s jam s leç; l pl souv qu'il p, il f l'écol buiss; il aim m gel d un coin pend l'hiv, rôt au sol pend l'été, ou rest expos à l pl, q d'all en cl, étud et s'instr; quand il ass au leçon, c'est seul d corps, et non d'esp; il n'éc p c q l d l maît; il a d or, mais il n v p ent; il a d y, m il n v p v; il f sembl d trav, p n pl êtr puni; quand on l command d lire et d'écr, il a perd s liv, s pl et s cah. Aussi il n'appr r; il est d'une ignor crass; il est touj l dern, il n'obt jam d'élog, ni de réc, il n'a jam de pr, ni d'access; ou si on lui en d, c'est p n pas augm l chag d s par, qui s dés d'av un enf tel q lui; en revanch, il a beauc d pens, d mauv point, il est touj en ret; on l réprim s cess; jam on n'a l'occas d l adress une par agr. Q dev il, q il ser gr? il sera tout au pl bon à serv d man au maç.

H est un enf sûr, pl d droit, et d franch; jam il n ment; il est loy d s cond; jam il n tromp. Conf et génér, il ouvr candid s âm

à q v y lire; il parl l c sur l lèv, et sans auc arr pens; tout d s
pers exprim l droit, s gr yeux bien ouv, s par ferm et net, s
démarch assur, s man natur et ais; ch lui, tout est simpl et vr,
rien n'est contr, ni guind, ni outr, on voit aisém s s visage ce q
pass d son cœur; tout s sensat s'y reflèt, comm d un mir, et chaq
d s trait port, p ainsi d , l'empr d s sentim intér; sans l conn, on
s sent attir v l, on est heur d rencontr une physion s franc et si
naïf; les étrang s réj à s vue; il l caress en l parl affect, et l
contempl av bonh. Sav vous c qui l est arriv, c j pass? Un M tr
riche, qui n'a p d'enf, f charm d qual d l'enf, il l'adopt et l f son
hérit.

P est un enf faux et dissim; il affect d b sentim qu'il n'a p, il
parl s cess d'honn, d loy, c'est p mieux tromp c q n l conn pas,
il n d jam ce qu'il pense; à l voir cepend, v lui donner l bon d s
conf; sa physion par honn et douc; il semb pol, insin; il a la lang
dor, la parole miell; il ouv à p l y; il s bal moll l cor en march,
pos doucem l p par terre, l tête inclin sur un épaul, l main crois
s s poitr; en un m , il a l'air d'un pet saint, n'en croy pas l
apparenc, c'est un fourb insig, un tartufe fieff, un caff od; c'est
l'hypocr en pers; il acc les aut d s méf; son plais est d l f punir,
mais on le connaît, et t récem, il a été convainc d faus; il a été
honn, consp, hué, mis au p sec et à l p 15 j; espér qu'il s corrig.

F est un enf écon; il f un bon empl d son arg; il sait l gard ou
l'empl à prop, il cons soign ce qu'il a; mais il sait en f un b usage,
bien loin d dép s arg en friand où en jouet ridic à son âge; il
achète à prop c q p lui êtr util, il y a peu d temps, un incend dév
l chaum d'un malh ouvr, père d fam, labor et prob, F n p v sans
émot l souff et l priv auq c pauv fam ét en proie, il cour cherch
s pet trés, et l dépos entr l m d l'ouvr, q n voul p l'accept; m F
fit tant d'inst, q l'ouv céd, les enf eur des hab et du pain C acte
d bienf n f p perd p F; un hom rich av obs tout l dém de l'enf,
p l récomp d s bon c, il vient d l plac à l'éc d art et mét. F n'en
sort p sans av un état honor, et son protect n manq p d l proc une
nomb et rich client.

M est un enf ignor; il n s rien d c qu'on appr d l écol · il ign les
prem élém d la lect, de l'écrit et du calc. Il en résult p l d grav
inconv : en voyag, sur l gr rout, il n p p mêm lir les ind q s s l
born ou s l pôt; en parcour un vill, il n p déch ni le nom d rue,
ni le num des mais, ni l inscrip des monum, ni l enseig d comm,
ni les plac affich s l mur. S'il n s liv p ser à l'ét, il n pourr exerc
auc mét; puisqu'il ne saur tenir auc reg, dress auc fact, ni f auc
compt. Il n pourr p s procur les march dont il aur bes; s'il est sold,
il ne pourr pas même deven capor. Il ser l dup d fripp; il ne pourr
se soustr à l'emp de croy abs, qui deshon l'intellig, obscure l rais,
troubl l'âme, et rend l'hom pl malh que l brut. Il ser misér, s
consid, mépris peut-être; il ne conn ni s droit ni s dev; il ser
comm un sauv au mil d la soc. Quel trist dest! Et il pourr s'instr
l voud il?

W est un enf prod et dissipat, il s pl a gasp, a detr, a f d fol dépens, il ach d ch inut, ou d il n'a pas bes ; il ven cel q l s nécess ; s'il déch s hab, cel ne lui f rien ; s'il sal un pantal qu'il port p l prem f, il en ri, s'il per s soul, s mouch, s casq, il s'en moq ; il perd s d oreil qu'il n s'en afflig pas ; il compt p rien les p q pren s père d l nourr, d l vêt et d l f instr. Il n'a auc reconn d bont q s mér a p l ; mais q dev il, si l m l enlev s par ! il tomb d l mis l pl affr, il ser oblig d'all à l'h ; c'est l pers p q l'att ; c'est cel q att t ceux q l ress.

T est un enf pat et doux ; il n s fâche jam ; il sait supp sans murm t l cont q sont inhé a l vie hum ; s'il renc d obst, il cherch pat l moy d l vainc ; il n s'emp pas cont c q l nuit ; si quelq vaur l'att ou l'inj, il n rend p coup p c, inj p inj ; il s'en pl, et tâch d l f ent rais. Cet cond dés ses ennem, s'il en av ; mais il n'a que d am, il est chér d t c q l conn ; pers n souffr qu'on l maltr ; il n'est auc mère q n f heur et fier d'av un tel f ; tous l enf ser heur d l'av p am ; mais il n s lie qu'av c d l cond est sag et reg : fait comm lui, vous serez aim et protég.

R est un enf viol, colériq, il s fâch p un rien, il s'emp p des bag ; l pl pet contr l met en fur ; il crie, il trép, il s dém comm un posséd ; il frap s t c q est à sa portée ; il cass, bris, tor et déch t c d il p s'emp ; quelquef il s bat lui-m, il s'arr l chev, il s'égrat l vis, il se roul p terre, il s frapp l tête contre l mur C'est un fur, un enrag ; il grin l dents et montre le poing. Un jour il s'emp cont un garc pl fort q l, et lui frapp un coup d p dans l jamb, ce dernier s s sent bless d'une fac si cr et si brut, tomb sur R, et, par quelq hor bien appliq, il l f compr q d cou n s p d rais. Le frère de R voul l plais d l correct qu'il ven d recev ; m R frap av tant de viol, q l malh tomb a la renv, roul d h d'un escal, et s cass une jamb, il rest boit, et R a l doul d'av contin dev l y l malh eff d s brut ; il deviendr plus d sans d ; mais à quel prix ' mon Dieu !

B est un enf pol et parf éduq ; il n s lév jam s s lav, se peig, s bross ; il s nett l dents ; s ongles s touj pur d crass, et soig coup ; il s rend ponct en classe a l'heur fix ; il est attent, silenc, stud, lab ; il rép clair et pol au quest q l maître l adr ; il trait s camar avec affab ; il l rend volont t l pet serv q dép d l ; s liv, s cah, t est ten av l pl gr soin ; ses dev sont touj régul et propr f ; à tab, il s tient parf ; il mange propr et modér, Il sal av grac, avec aisance ; jamais il n'entr dans l appart s se découvr ; à l'egl, il est toujours pieux et rec, il sait une foule d pet jeu spirit, qui l f recherch d t s camar ; il est d t l réun, on l'inv a t l part de plais, d l jour d cong ; il a pour s par l pl affect tendr ; il est soum, respect, attent, prev, doc ; il sait reconn l soins q s bon mère prend d lui ; il cour au dev d s dés ; il n s pard pas s'il lui caus d chag p s étourd ; il s'acq prompt et av joie des pet commiss d elle l charg quelq f ; il l aid av plais d l soins qu'elle prend d l mais, il second s pèr d s trav, et s met ains en état d trav lui-même, q il ser gr, il est pol, aff, compl av s fr, il l rend vol de pet serv ; entr c'est un échang d bon procéd, d préven, d compl q l rend a t l vie agréab. Av l dom, il est honn, pol, affect ; auss c dern ont p lui mil compl, m attent ;

il s f t pour l sauv de tout dang. Il conn et resp l conv; il l obs s
eff et s aff, il s qu'elle s étab p rend pl agr les rapp q l hom ont entr
d l soc. S lang est corr; mais s prét; s ten est prop et décent, s
man s simpl et ais; il év tout c qui pourr choq les aut, soit d s
parol, s dans s act; il est resp av l vieill, av s sup; il est trist av l
gens trist, ser av les g grav, joi av l g gai, réserv av l g faux ou
inconséq, communicat av l g dr et obscr. Il est poli av t l mond,
et en auc circonst il n parl mal d pers; il n s moq jam d déf d autr;
il n'engag jam d discuss irrit; son langag est cerrect, s expr chois,
jam d mots gross ou inj u sort d s bouch; jam il n'a d d inj a pers;
il écout att c qu'on d; si on l'interr, il rép aussit, sans embarr, s
hésit, d'une man d et conc; il n fréq que des pers d'une cond
irréproch; auss t l mond l recherch; il est acc part av plais.

C est un enfant gross et mal élev, il a l vis et l m si sal qu'on l
croir hydroph; s chev s en désord, s hab tach, déch; il a un si
mauv cœur qu'il n'embr jam s par a s lev et a s couch. S'il all
assid en class, on l corrig d s déf; mais s par s s faibl! il l trait
com d val; il l frapp un j, c'est sur; il craig d l contrar; ils l laiss
ag à s vol; il pass le temp a cour l rue, l b ou l chem; il dérob de
l'arg a s par, p satisf l gourm qui l domin; l soir, il frapp au port,
il tir l cord d sonn; il couv l mur d fig ou d mots gross et obsc; il
ten d cord p f tomb les pass; il fait en un mot s apprent d band,
il est cr et dét d t l mond; chac l rep, et s'en él; il n a q l
commiss d p et l gend qui l rech; il a déj été pl f en pris! Soy
sur, m am, qu'il finir s v s l'échaf, s'il n ch p bient d cond.

MORALE.

La mor est l sc d n dev. Nos dev s relig, indiv, dom et soc. N
dev env D cons a l conn, l'aim et l serv. N conn D et ses œuv par
n intel; n l'aim d s bienf par n sensib; n l serv en accomp n dev.
N dev lui rend ch j n homm. Les hom ren publ l homm à D dans
l t. V dev v y mont recueil; v ass, v lev, v met a gen, sel q l
circ l'ex. S'y prom, y parl, tourn l t d côt et d'aut, c'est scand l
ass, et s'avil a l yeux.

Ay une mis déc; mais n'étal p un luxe mond; c'est un c pur,
un esp dr q D dem d n. Empl m excer p, en bon œuv, les j
consac a D. N v liv p a des act immor; fuy les déb et l'ivr. C qui
men une t cond s dégr, et s rav au d d brut. Resp les minist des
aut; il s les interm ent D et n; il n cons dans n p, n secour
d n inf, et n réconc av l'Ét; il apais les rem d'une consc troubl
par l pas.

N dev env n mêm cons à prat les vert indiv. Les v ind sont:
la sc, l temp, l cour, l'act, l prop. L sc est l conn des eff et des
caus. C qui acq c conn pourv mieux a l conserv, a l bien êt; il on
touj des m d subsist. Le vic contr a l sc est l'ig. Les ign comm ch
j les err l pl gr; c s des aveug qui heurt a ch pas l comp, ou qui
en s h.

La prud est l vu antic d résult et des conséq d ch. Au moy d c prév, les h év les dang qui l atteind ; il susc ou sais l occ fav, et pourv a l conserv, pour l pr et p l'av. Les imprév qui n calc ni l cond ni l act, ni l résist qu'il p épr, tomb d mil emb, d mil pér qui détr l facult et l exist.

L temp est l satisf régl d n bes phys ; l |vic contr est l cup. L temp comp l sobr, l contin et l chast. L sobr est l'us mod des al. L sob infl puiss s l sant. Les h sob dig fac ; il n s p accab du poids d al · l id s cl et n ; il remp ais l fonct ; il vaq av intell a l aff ; il vieil ex d m, et jouiss av allég d b qu'il poss. L vic op a l sob s l go et l'ivr. Les gourm digèr av anx ; il épr d m, des doul ; il viv rarem v, ou l vieill est remp d'inf. Les ivr perd l'us d sens et d l rais, il se raval au dess d anim ; il chancel, il tomb, com l épilept, il s bless, et peuv m s t ; il dev l'obj d mépr d c qui l entour ; il contr des march ruin, il per leurs aff ; l parol inconsid l susc d enn ; il rempl l mais d troub et de chag, et finiss par une mort préc, ou une vieill prém.

La contin est l modér dans l'us d la pl viv d n sens. Le vice opp à l contin est l libert. Les pers q s'y liv s'épuis ; il n p vaq à l trav ; il contr d hab ruin, qui port att à l moy d'exist ; il perd l consid et l créd ; l intrig l caus d emb, d querell ; il contr des mal hont ; il perd l fort et périss misér à l fl d l'âge. L cour est un forc mor q n fait surm les obst. Les hom courag et f rep l'oppr : il déf leur vie, l lib, l propr ; l trav l proc un exist honor ; il supp l malh av ferm et résign, et cherch l moy d l comb. L vice opp est l faib et l lâch. Les hom faib viv d des souci et d inquiet perp.

L'activité est un forc mor q n port à n acquitt prompt d n dev. Les homm labor empl utilem l t ; s'il s né pauvr, l trav fourn a l subs ; s'il sont sob, prud, écon, il acq d l'ais, et jouit d douc d l vie ; il contr d dou habit ; il augm et fort l sant, et parv à un vieill long, pais et hon.

La paresse et l'oisiv sont l vic opp a l'act. C vices cond a t l autr ; c qui s'y aband rest ign ; ils tomb d l malh qui accomp l'ing et la sot ; il sont dév d'enn ; il s liv au plais d sens ; il s intempér gourm, lux, énerv, lâch, vil et mépris ; il s ruin, détr l santé et term l vie d l ang du malh et d l mis.

La propreté est l soin q n pren d'éloig d nous les ord et l immond insép de n nat. C vert est bien import ; elle infl sur l sant, elle détr les eff d l'hum, du mauv air, des éman pestil et contag, qui s'élèv des mat en putréf ; elle entret l respir, renouv l'air, rafr l sens, et port l joie d l'espr.

Les pers soig d l propr d l corps, d l hab et d l vêt sont pl sain ; il s moins exp au mal q c qui viv d l crasse et d l'ord. La malpr est l vice contr a la pro. Ceux qui s'y ab sont dév p une f d'an dégoût ; il contr d mal g, tel q l gal, l dart, l teig, etc., qui les f repouss d t c qu'il appr.

VERTUS DOMESTIQ.

Les vertus domes sont de pl sort, sel l'âg, l sex et la cond.

Les hom d l famille sont fils, ép, père, maîtr, ou serv.

On dis donc dans les vert dom l'am fil, l'am frat, l'am conj et l'am patern, l'économ et l'accompl d dev d m ou d servit.

L'am fil est l pratiq des act util au enfant et a l par. Tr mot princip peuv port l enf a aim l par · 1° le sentim ; le soin affect dont il sont l'obj d l jeun ; l inspir d douc hab d'attach.

2° La just : les enf d a l parents l just compens d soins, d dep et d peine qu'occas l entret, l nourrit et l éduc.

3° L'int pers ; en trait mal l par, il s'exp a perd l'aff et l fort, il don a l propr enf d ex d'ingr q c ci ne manq p d suiv un j.

Jam un mauv fils n'a été heur père.

Nous dev a n par l'am, l'ob, le resp et l'ass. D quelq dign q u soy rev, de quelq pos q s tr n par, rien n p n disp d n acq env eux d c dev ; n dev l sal av am, l parl av défér et soum ; préven l désir, l entour d'hom. Q honte rejaill sur un enf dénat qu afflig de gaîté de c c q Dieu et l nat l ord d chér ! Il s couv d'opp et dign ; il att s lui l mal et l veng d c ; quel terr punit mérit -il s'il pouss l'oub d s dev jusqu' l afflig p d par dur et outr ! s'il s moq d l déf ! s'il l repr av mépr ! s'il fais d l imperf l'obj d s raill ! Mais que dir d ceux q ser ass dénat p lev l m sur les aut d l j ! Il serait exécr aux y d D , et pass pour des monst dev l h, il dev od a eux m, et per d l rem et l désesp. Montr d a n par n attach par d act, aim l sinc, sais t l occ qui s prés d l en donn d marq ; pren soin d u l faire entend q d parol d et affect ; joign au vif empr d l serv, cel d l être agr p n préven ; et fais tout c qui p l donn du cont, d l j. Il n'y a qu'un cas ou n soy disp d l ob, c'est s'il n comm q ch d mal, n dev al l f d obs resp, et l pr de consid s'il n ser p pl conv d n abst d f c qu'il dés. Si n par tomb d l bes, si l malh l frappe, si l'inf l accab, n dev emp t n ress pour l proc un ex pl d, et n p souffr qu'il épr l emb d bes, n dev n rapp q, quoiq n fass, n n pour j n acq env eux ; ni l rend t l bienf q n en av r Il est des dev part a q n somm part ten env n p, a cert mom du j a cert ép d l'ann. Le matin et le s, au renouv d l'ann, la veille d j d l fête. Nous ne dev pas manq d l off n v et n am C'est surt dans l vieill que n seco et n aff l sont néc. Envir b al d t n am ; rend l moins pénib l dern mom, et la main défaill attir sur n l bénéd cel, q l âme s'envol d l s de l Div.

L'am frat est l sentim aff q n épr p c q l nat a f naître d mêm par q n. Viv en b intell av v fr et v s C s des am q Dieu v a donn Ch v l un l autr, soy touj un. La conc et l'un qui résult d l'am frat étab l forc, la sur et l conserv d fam. Si v par sembl v chér moins q v fr ou v sœurs, évite l murm et l emport, qui ser coup, et qui ne serv qu'à aig d av v par. C ser par une pl gr douc, p un soum pl ent q v regagn leur affect, q v a p s d p v faute. L'am conj es l'aff mut qu'épr l'ép L conc et l'un qui en résult établ au s d l fam d hab ut à s prosp et a s cons.

L'am pat est l'affect q a l par pour l enf, et qui l porte a l faire acq l'habit d tout les act util a c mêm et a l sembl. L par q élèv l enf d c hab, l prép un av heureux, et a eux-m d jouiss et des sec. L maîtr d trait av douc et hum c q l serv ; il doiv l pay exact l gag, et n l empl qu'a d trav qui n s cont en r a l'hum, a la mor et a la rel ; il doiv l fourn un nour sain et ab, l soig d l mal, l av d l déf, l eng a s corrig d l v, et n p l gard, s'il ref d quitt l mauv hab. L servit d a l maîtr l zéle, la fid, le resp ; il doiv empl util l temps, et cherch p t l moy qui s en l pouv, a faire prosp l ch d l soin l est conf.

L'écon et l'ord est l b adm d ch d l mais. L'économ cons a n p faire d dép inut, a f en s d s ménag d ress cont l pert et l mal, et d'acq l moy d viv d cet hon ais, qui est l seul base d l félic hum. Les enf doiv étr écon d obj q l par mett a l disp, l ten en b état, veiller a l conserv. Av d l'ord, c'est rang l ch d fac q rien n s perd, et a l retr prompt au bes. Les enf soign et écon f l b d l par ; il dev ass d b citoy, et jouir d l'est gén. Le déf opp s l négl, l prod et l diss. Les hom nég perd insens l conf, l am et l fort, l prod et l dissip épuis rap l fort ; il perd l g d trav ; les f amis qui prof d l fol les aband, et il tomb d l pauv', l mis et l'aviliss.

La science est l connais d caus et d rés d ce qui se pass d l nat. C'est d l jeun q l'am est l m disp a acq l conn ut ou agr. L enf p disp d t l inst, il p s libr de soin, d'inq et d'emb. L qualit nécess au enf p s'inst, ou p être aim et h sont : l'assid, la docil et l'activ. Que l'élév s donc assidu, doc, lab ; q il fui l mens et l cal, qu'il s'abs d méd, q il n nuis à pers, q il rép pol, qu'il s'efforc d'acq ch jour d nouv conn ; q il s prop, soig et att, qu'il étud att l leç ; q il tâch d l bien sav ; q il n sort qu' besoin ; q il écr l dev et l corrig scrup ; q il surmont ch j un m pench ; q il s silenc ; q il resp, q il aim l m et l prof ; qu'il l sec d l eff qu'il f p l rend capab d'occ hon l pos au D les plac d l soc ; q il l éparg t désag ; q il l témoig d l'aff et d l rec ; il n p jam en av ass pour reconn l dévouem, s'il rempl consc l tâch ing et pénib Les maît n sont pas seul l dépos d l'aut des par ; il a p les él l'aff l pl v ; s'il s montr quelquef sév a l'ég d enf, ce n'est q p l rend meill, il épr une p extr en les réprim, en l puniss, il gém d l v perd la pl b part d l v en futil ; il souff d l cr nécess ou il plac tr souv, d lut cont la par, le dés, et parf cont l méch, et c'est p eux une j b d, lorsq il p rempl l bl p l'élog, et l pun p l réc. La Fable la vig et l vig pein parf l mot q l guid.

EXERC GÉOGRAPH.

1. La Géog est l d d l t. L terr est l gl q n hab ; elle a l form d b ; l'eau couv l tr q d s surf. Les point card s d p qu'on a imag pour dét l pos d diff part d l t. L p card sont le lev, le couch, l n et l m. L lev s'app aus E ou O ; le couch O ou O ; l n, S, et le mid s. Le lev est l p où l sol s lèv. Le couch est l p où l s s c. L nord est l p qu'on a dev s, quand on a l lev à s dr. Le mid est l p opp au N.

10. Sur les cart, l n est vers l h, l sud v l b, le lev v l d, et l couch v l g. On div la terre en 5 p : l'E, l'A, l'A, l'A et l'Oc. Un contin est l pl gr étend d t qu'on p parc s trav l m. Il y a d contin ;

l'anc et 1 n. L'anc contin compr l'E, l'A et l'A. Le nouv cont est l'Amér, q n'est conn q dep 92. L'Océan ou 1 m, est 1 vaste étend d' s, qu conv 1 pl gr p d gl. On div l'Oc en 4 p; l'Oc gl d N, l'Oc gl d S, l'Oc Atl et l Gr Oc. Une contr est un étend d t, soum au mêm gouv. Une îl est un esp d t ent d'.

20. Une presqu'île est une esp d t presq ent d'. Un isthme est un esp d t tr étr, q j une presq au c. Un cap, ou pr, est une p d t q sav d 1 m. Une montag est une gr élév à l surf d glob. Une ch d mont est une suite de plus mont qui s touch. Une colline est une p m Un volc est une m q jett d fl et d mat f qu'on app l. Un cratère est l'ouv d'un v. Un archip est une m pars d'îles. Un golf est un esp d m q s'av d l t.

30. Une baie est un p g. Une rade est un esp d m, ou 1 v sont à l'abr d v. Un port est un golf disp pour rec les v. Un détroit est un esp d m ress ent d t. Un bosphore est un pet d. Un lac est uue ét d au mil d ter. Un étang est un pet l. Un fleuv est un c d q s j d l m. Une rivière est un c d q s j d un fl. La source d'un cours d'eau est le l ou il c.

40. L'embouch est l l où il s j d l m. L riv droite est à l dr d pers supp au mil du fl, l vis tourn v l'emb. Une cataracte est l ch d e d fl. Le contraire d'une île est un l. Le contr d'un isthme est un d. — d'un cap est un g. — d'une montagne est un v. — d'un golfe est un c. — d'un détroit est un i. — d'un lac est une î.

50. La partie d'un fl opp à l source est l'. L'Eur est baign p 1 m, dont 3 gr, et 5 p. L gr mer q b L'eur sont l'O gl, au N, l'Oc Atl a l'O, l m Médit au S. L 2 pet sont l m B, l m d N, l M, l m d Fr, form p l'Oc At; l m I, l m A, l'Arch, l m d M, l m N, et l m d'A, form pl Méd; et l m C, qui n com extér à auc autr m. On div l'Eur en s contr pr, d 4 au n, 7 au m et 5 au s. L 4 cont d u d l'Eur sont · les II B, vil cap Lond; le Dan, v c C; l S, v c St; l R, v c S P. L 7 cont d cent s : l F, d l v c est P; l B, c B; l H, c L H; l'Allem, v p H, H, D, F, St, M; l Pr, c B; l S, v pr B, B, G; l'emp d'A, c V. Les 5 cont d s s l'Esp, d l v c est M; l P, c L; l'I, v pr T, M, F, R et N; l T, c C; l G, c A. Les Ile Brit (25) sont l'une d 4 cont d u d l'Eur; l v c est L. Le Danem (2) est..

60. La Suéde (4) est.. La Russ (52).. L Fr (34).. L Bel (4).. L'All (36).. L Pr (14).. L Suisse (2).. L'autr (35).. L'Esp (14)..

70. L Port (4) est.. L'It (21) L Turq (9) L Gr (1) Lond (1500) est l v c d I B. Cop (120). St (85). Sr Pétersb (300) Par (1000) Brux (100).

80. L H (60) est.. Hamb (130) Mun (100) Berl (230) Bâle (15) Berne (21) Gen (27) Varsovie (150) Vienne (350) Madr (200).

90. Lisbon (260) est.. Tur (120) Mil (150) Flor (80) Rom (135) Napl (365).. Constant (600). Ath (40). L mer q baig l Fr s l m, l m, l'O A. Les m q b l Russ s l'O G, l m N l m C, l m B.

110. L pr cap d l'Eur sont l c N, le c l II, l c F, l c St.-V, et l c M.. L pr ch d mont d l'Eur sont : l m O, l C, l A, l P, le B, l Alp, l C.. L pr volc s l'H, l'Etn, le V. Le Ves est en I, l'Hécla en J, et l'Etn en S. L Pyr s situé entre.. L Alp s sit entr.. Les m Our s sit entre.. Le Cauc est entre.. Le Balk est en.. Les Ap sont ent..

120. Les pr lac de l'Eur s.. Les pl gr lac d l Russie sont.. — de la
Suède.. — de la Suisse — de l'Italie — de l'Autr — Les princip golf
d l'Eur sont ceux de B, de F, d Z, de L, de G, d T, de V, de L,
de S.. L pl gr golf s ceux d.. Le golfe de Bothnie est situé.. — du
Lion — de Ven..

130. Les princ détr d l'Eur sont ceux du S, du P, de C, de G,
de B, de M, des D, d' J.. Le dét d P d C est entr.. Le détr d Gib..
Le dét de Mess.. Le dét de Gib joint l'Oc.. à.. Le Pas-de-Calais
joint la mer du Nord à.. Les princip fleuves de l'Eur sont : l Név,
l N, l V, l'O, l'E, l R, l T, l S, l L, le G, l T, le R, le T, le P, le D,
le D, le D, le D, l V, l'O.. Les six gr fl d l'E sont : Les fl q se jett d
l m Balt sont..

140. Les fleuve q s j d l m du N sont.. — dans la Manche.. —
dans l'Oc Atl.. — dans la Méd.. — dans l m Ad.. — dans l m N.. —
dans l m Casp.. — dans l m d'Az.. — L fl qui arros la Fr sont.. —
l'Esp..

150. Les fl qui arr l'Allem sont.. — l Pr.. — la R.. — l'Aut.. —
l'It.. — l'Angl.. — La Seine est un fl q arr l F et s jette dans.. Le
Danube est.. Le Rhin.. Le Rhône..

160. Le Volga.. En all par l mer de St-Pétersb.. à Azof, on
traverse l mers.. on passe l dét.. on double les caps.. on trouve
les îles.. les golf.. En se rend par terre et en lig droite de Cadix à
Calais, on trouve l fl suiv.. — On pas l mont.. On partag autref
l Fr en 3 p. Les prov baign par l Manche sont..

170. Les provinces q touch l Belg sont.. — l'Allem.. — la
Suisse.. — l'It.. — l'Esp.. La prov l pl au mil d l Fr est.. La Fr est
div en 8 dép..

180. L dép tir l nom d fl, d r q l arros, d mont q s'y tr, ou de l
sit. Les départ baig p l manch sont.. — par l'Oc Atlant.. par la
médit.. — Les dép q touch l Belg sont.. — l'Allem.. — l Suisse.. —
l'Ital.. Le dép l pl au centr est.. En se rend de Perp à Cal, on
travers les dép de..

190. En se rend de Brest à Strasb, on trav l dép d.. Les dép qui
envir le dép du Cher sont.. — de la Seine-Inférieure.. La ville
chef-l d départ de l'Ain est B, 8. Le ch-l d dép de l'Aisne est
L, 7. — de l'All, M, 14. — des B Alp, D, 6. H Alp, G, 7. — de
l'Ard, P, 4. — des Ard, M, 5.

200. Le chef-l de l'Aub est T, 25. — de l'Aude, C, 18. — de
l'Av, R, 8. — d B d Rh, M, 145. — du Calvad, C, 42. — d Cant,
A, 10. — d l Char, A, 15. — d l Ch Inf, L, 15. — du Ch, B, 25.
— d l Corr, T, 9.

210. Le chef-lieu de la Corse est A, 8. — d l C d'Or, D, 24. —
des C d N, S, 10. — d l Creuse, G, 3. — de la Dord, P, 9. — du
Doubs, B, 29. — de la Dr, V, 10. — de l'Eur, E, 10. — d'Eure et
L, Ch, 15. — du F, Q, 10.

220. Le ch-l du Gard est N, 43. — d l H Gar, T, 77. — d Gers,
A, 11. — de l Gir, B, 109. — de l'Hér, M, 36. — d'Ille et V,
R, 35. — de l'Ind, Ch, 11. — d'Ind et L, T, 27. — de l'Is, G, 29.
— du J, L, 8.

230. Le ch-l d Land est M, 4. — de L et Ch, B, 11. — d l Loire, M, 5. — d l H L, L, 15. — d l L Inf, N, 76. — du Loiret, O, 40 — du Lot, C, 12. — d L et G, A, 12. — d l Loz, M, 6. — d M et L, A, 36.

240. Le chef-lieu de la Manche est S, 9. — de l Marn, Ch, 12 — de l'H M, Ch, 6. — de l May, L, 16. — d l Meurt, N, 29. — d l Meuse, B, 12. — d Morb, V, 11. — d l Mos, M, 45. — d l Niév, N, 16. — d Nord, L, 70.

250. Le ch-lieu de l'Oise est B, 15. — de l'Orne, A, 14. — d P d C, A, 22. — d P de D, C, 30. — d B Pyr, P, 12. — d H Pyr, T, 13. — d Pyr Or, P, 15. — d B Rh, S, 58. — d H Rh, C, 15. — du Rh, L, 200.

260. L ch-l d l H S est V, 5 — de S et L, M, 11. — d l Sart, L, 20. — d l Seine, P, 1,000. — de la S Inf, R, 92. — de S et M, M, 7. — de S et O, V, 30. — d D Sèvr, N, 16. — de l Som, A, 46. — d Tarn, A, 11.

270. Le ch-l du dép du T et Gar est M, 25. — du Var, D, 9. — de Vauch, A, 51. — d l Vend, N, 5. — de la Vienne, P, 21. — d l H V, L, 26. — des V, E, 8. — de l'Y, A, 12. Bourg est le chef lieu du dép d.., etc.

280. L Fr a.. mill d'hab, q suiv pr tous la relig c ; les autr cults lib. Le chef des Fr est un r ; cel qui régn auj se nomm.. Le gouvern d la Fr est une mon const. Les lois s fait pl chamb d pair et p cel d dép. Chaq dép est adm par un préf ; les dép s div en arrond, chaq arr est adm p un s p. Les arr s div en c, et l cant en c. Chaq com est adm p un m. L just est rend par d j, qui compos l trib. Les tribun sont : les just de p, d les cant ; les trib de 1re inst, d l chefs-l d'arr ; les cours r au nomb de .; les trib d comm dans les villes comm, et enf la cour de c, d' où dép t l aut trib.

290. Les établ d'inst pub dépend d l'univ d Fr, qui est div en accad, adm p des. Pour l rel cath, l Fr est div en dioc, qui s adm, chacun p un arc'hev ou un évêq ; il y a un curé d chaq cant, et un prêt d presq tout les comm auxquel on donn alors l nom d par.

Les prov du N de l Fr offr d vast pl, agr coup d coll. Les prov d N et d l'E sont en gr part couv d mont. L'Ouest n'offr q d haut m ou des coll peu élev. L Fr est arr p 5 gr fl, et un gr nomb d riv D bell rout, d nomb can, et plus chem d f fav l comm et l'ind. L clim d l Fr est temp ; l'air est gén pur et sal. Les hiv s quelq rig au Nord ; mais au midi les étés s l et ch. Les mines les pl imp d l Fr s cel d fer, de c, d pl, d'arg, de sel g, d charb de t, d pier, d marb, d'ardoise.

300. Le sol d l Fr est en gén tr fert, et d l prod végét l pl var L princ prod vég d l Fr sont : l b, l s, l'o, l'av, le m, l p d t, les pl à four, les lég, les vig, le lin, le chanv, l tab, l betterave, les arbr fr, parmi lesq on rem les oliv, les pom, le ch liég, des bois p l constr d vaiss, pour l charp, la men, et l fabr d meubl. Les anim dom l pl com en Fr s l chev, l ân, l mul, l b, l v, l mout, l chèv, l por, et l vol. Les insect utile s l ab et l v. L princ usine et manuf sont : l fond, l forg, les manuf d'arm,

de quinc, d'horl, d'orfèv, d pot, d porcel, d ver, de crist, d gl ,
d soier, de toil, de dent, d dr, d'étoff, d cot, d bonnet, de tap ,
les tanner; les fab d'eau-d-v, d'huile, d sav ; les raff d suc et d s.

La Styrie est.. L'Illyrie. Le Tyrol. La Bohême. La Moravie. La
Gallicie. La Hongrie. La Transylvanie. La Sclavonie. La Croatie.

La Dalmatie est.. Brandebourg. Poméranie. Saxe. Silésie. West-
phalie. Hanovre. Bavière. Luxembourg. Tyrol.

L'Estramadure est.. Algarve. Galice. Corogne. Asturies. Prov
Basques. Navarre. Castille. Catalogne. Andalousie.

La Sardaigne est.. Savoie. Moldavie. Valachie. Servie. Bulgarie.
Bosnie. Romélie Albanie. Thessalie.

L'Afrique est.. La Barbarie. L'Égypte. La Sénégambie. La Guinée. La Nubie. L'Abyssinie. La Cafrerie. Le Monomotapa. Le Zanguebar.

Le Golfe de la Syrte, — de Cabès, — de Guinée, — Arabique.
La mer Rouge. Les Açores. Madère. Les Iles Canaries, — du cap
Vert, — du golfe de Guinée.

Sainte-Hélène. Les Seychelles. Zanguebar. Comore. Madagascar.
L'île Bourbon. Le cap Ceuta, — Bon, — Vert, — de Bonne-Espé-
rance.

Le cap des Aiguilles, — Gardafui. L'Atlas. Le Nil. Le Sénégal.
Le Niger. L'Asie est.. la Sibérie. La Turquie d'Asie. La Tartarie.

La Chine. L'Arabie. La Perse. L'Hindoustan. La mer Jaune, —
de la Chine, — de Béring. Le détroit de Béring, — de Bab-el-
Mandeb. Le golfe Arabique.

Le golfe Persique, — du Bengale, — d'Oman, — de Siam, —
du Tonquin. Les Sporades. Chypre. Ceylan. Le Japon. Le Kamts-
chatka.

Le cap Baba, — Comorin, — Romania, — L'Hymalaya. Le
Taurus. Le Liban. Les Gates. L'Obi. Le Gange. Le Tigre.

L'Euphrate. L'Amérique. Le Groënland. La Nouvelle-Bretagne.
Les États Unis. Le Mexique. La Colombie. La Guyane. Le Brésil.
Le Pérou.

Le Paraguay. Le Chili. La mer de Baffin. Le dét. de Magellan,
— de Belle-Ile, — de Lemaire. La baie d'Hudson. Le golfe de
Saint-Laurent , — du Mexique, — de Darien.

Le golfe de Californie. Les Bermudes. Les Lucayes. Les Antilles.
Cuba. Saint-Domingue. Haïti. La Jamaïque. Le Labrador. La
Floride.

La Californie. Le cap de Farewell. Tancha. Saint-Roch. Les
Andes. Le Mississipi. L'Orénoque. Le fleuve des Amazones.

L'Océanie. La Notasie. Les Célèbes. Les Moluques. Les Philip-
pines. Java. Sumatra. Batavia. Bornéo. Luçon.

L'Australie. La Nouvelle - Hollande. La Polynésie. Les Mar-
quises.

Abbeville est.. Abomey. Agde. Agen. Laigle. Aix. Aix-la-Cha-
pelle. Ajaccio. Alby. Alençon.

Alexandrie est.. Alfort. Alger. Alkirch. Altona. Altorf. Ambert.
Amiens. Amsterdam. Ancenis.

Ancône est.. Les Andelys. Andrinople. Angers. Angoulême. Annonay. Antibes. Anvers. Arcis-sur-Aube. Argentan.

Arkhangel est.. Arles. Arques. Arras. L'Assomption. Astrakan. Athènes. Aubusson. Auch. Augsbourg.

Aurillac est.. Austerlitz. Autun. Auxerre. Auxonne. Avignon Avranches. Badajoz. Bagdad. Bagnères.

Bâle est . Bambouk. Bankok. Bar-le-Duc. Bar-sur-Aube. Bar-sur-Seine. Barbezieux. Barcelonne. Barcelonnette. Barrèges.

Bastia est.. Batavia. Bayeux. Bayonne. Beaucaire. Beaune Beauvais Belgrade. Belley. Benin.

Bergerac est.. Berlin. Bernay. Berne. Besançon. Beziers. Bilbao. Birmingham. Blaye. Blois.

Santa-fé-de-Bogota est. . Bologne. Bombay Bonifacio. Bonn Bordeaux. Bornou Boukhara. Boulogne. Bourbon-Vendée.

Bourbonne-les-Bains est . Bourg. Bourg-du-bec-d'Ambez. Bourganeuf. Bourges. Bouvines Braga. Bragance. Breslau Bressuire.

Brest est .. Briançon. Briare. Saint-Brieuc. Brioude. Bristol Brives. Brunne Brunswick. Bruxelles.

Bûde est.. Buénos-Ayres. Bukarest. Burgos. Caboul. Cadix Caen. Cagliari. Cahors. Le Caire.

Calais est.. Calcutta. Calvi Cambray. Le Cap. Carcassonne. Carpentras. Carlsruhe. Carthagène. Cassel.

Castellane est.. Castel-Sarrazin Castelnaudary. Castres. Cayenne Cette. Ceuta. Chablis. Châlons-sur-Marne.

Châlons-sur-Saône est.. Chambéry. Chandernagor. Chartres Château-Gontier. Château-Salins. Château-Thierry. Châteaudun Châteauroux. Chatellerault.

Châtillon-sur-Seine est.. Chaumont. Cherbourg. Chinon. Chollet Christiania. Chuquisaca. Civita-Vecchia. Saint-Claude. Clermont sur-Oise.

Clermont-Ferrand est.. Cobbé. Coblentz. Cobourg. Cognac. Coimbre Colmar. Cologne. Compiègne. Condom.

Constantinople est.. Copenhague. Corbeil. Cordoue. Cork. La Corogne. Cosne. Coulommiers. Coumassie. Coutances.

Cracovie est.. Le Creuzot. Le Croisic. Damas. Dantzig. Darmstadt. Délhy. Denain. Saint-Denis. Dieppe.

Digne est.. Dijon. Dinan. Domfront. Domremy. Dongolah Douay. Doullens. Douvres. Draguignan.

Dresde est.. Dreux. Dublin. Dunkerque. Édembourg. Elbeuf Embrun. Épernay. Épinal. Espalion.

Etampes est.. Saint-Étienne. Évreux. Falaise. La Fère. Ferrare Le Ferrol. Figeac. La Flèche. Florence.

Saint-Flour est.. Foix. Fontainebleau. Francfort-sur-le-Main Francfort-sur-l'Oder. Frédérikshaab. Fréjus. Fribourg. Frontignan. Gaillac.

Gand est.. Gannat. Gap. Saint-Gaudens. Gênes. Gex. Gibraltar Glasgow. Goa. Saint-Gobain.

Gœttingue est.. Granville. Grasse. Grenade. Grenoble. Groningue. Guatimala. Guéret. Guingamp. Hambourg.

Hanovre est.. La Havane. Le Havre. La Haye. Honfleur. Hyères.
Iassy. Iéna. Inspruck. Ivica.

Ivry est . Jérusalem. Joigny. Jonzac. Jouy. Karikal. Kasan.
Kélat. Khiva. Kiev.

Klingenthal. Langres. Laon. Larisse. Lauenbourg. Laval. La-
vaur Lectoure. Leipzig. Léon.

Lesparre est.. Leyde. Libourne. Liège. Lille. Lima. Limoges.
Lisbonne Lizieux. Liverpool

Livourne est.. Saint-Lô Lodéve. Lombez. Londres. Lons-le-
Saulnier. Lorient. Loudéac. Loudun. Saint-Louis.

Louviers est.. Lubeck. Lucerne. Luçon. Lucques. Lunel. Luné-
ville Luxembourg. Lyon Macao

Mâcon. Madras. Madrid Maëstrickt. Magdebourg. Mahé.
Malacca. Malaga Malines. Saint-Malô.

Mamers. Manchester. Manille. Le Mans. Mantes. Mantoue.
Marmande. Maroc. Marseille. Mayence.

Mayenne. Meaux La Mecque. Mélinde. Melun. Mende. Messine.
Metz. Mexico. Mézières. Milan.

Mons. Mont-de-Marsan Montargis. Montauban. Monbelliard.
Montbrison Montdidier. Montélimart. Monfort. Montpellier.

Montreuil. Metz Morlaix. Mortagne. Mortain. Moscou. Moulins.
Mozambique Mulhauzen. Munich.

Munster Murat. Murcie Muret. Mutzich. Namur. Nancy. Nan-
tes. Nantua Naples. Napoli

Narbonne. Nérac. Neufchâtel. Nevers. Nice. Nîmes. Niort. Nogent-le-Rotrou. Nogent-sur-Seine.

Nontron. Nuremberg. Odessa Oldembourg. Oloron. Saint-Omer.
Orange. Orembourg. Orléans Orthès Oummérapoura.

Oviédo. Padoue. Paimbœuf. Palerme. La Palisse Palma. Pa-
miers. Pampelune Paramaribo Paris.

Parme. Parthenay. Pau. Péking. Périgueux. Péronne. Pérou.
Perpignan Saint-Pétersbourg. Pézénas.

Pise. Pithiviers. Plaisance. La Plata. Ploërmel. Pombiéres.
Poitiers. Poligny Pondichéry. Pont-à-Mousson.

Pont Audemer. Pont-l'Évêque Pont-Saint-Esprit. Pontarlier.
Pontoise. Port-Mahon. Porto. Posen. Postdam.

Pouy. Prades. Prague Presbourg. Privas. Provins. Le Puy.
Québec. Saint-Quentin. Quimper.

Quimperlé. Quito. Rambouillet. Ratisbonne. Ravenne. Reims
Remiremont. Rennes. Rethel Ribérac.

Riga. Rio-Janeiro Riom. Rive-de-Gier. Roanne. Rochefort.
La Rochelle. Rocroy. Rodez. Rome.

Romorantin. Roquefort. Rotterdam. Rouen. Ruffec. Les Sables.
Sackatou. Saintes. Salamanque. Salins.

Salonique. Samarkand. San-Salvador. Santiago (Chilli). San-
tiago-de-Compostel. Saragosse. Sarrebourg. Sarreguemines. Sau-
mur. Savenay.

Saverne. Sceaux. Schelestadt. Schwérin. Scutari. Sedan. Séez.
Senlis. Sennaar. Sens.

Séville. Sèvres. Sidney. Sisteron. Smolensk. Smyrne. Sofala. Soissons. Sophie. Stettin.

Stocholm. Stralsund. Strasbourg. Stuttgard. Tarare. Tarascon. Tarbes. Tarente Téhéran. Thionville. Tobolsk.

Tolède est.. Tombouctou. Tonnerre. Toul. Toulon. Toulouse. Tournon. Tours. Trente. Trèves.

Trévoux. Tripoli. Troyes. Tulle. Tunis. Turin. Ulm. Ultrecht. Uzès. Valence. Vitré. Vitry.

Viviers. Vouziers. Wagram. Washington. Weimar. Weissembourg. Yédo. Saint-Yrieix. Yssengeaux. Yvetot.

Zara. Zéila. Zimbaoë. Zurich. Valognes. Vannes. Varsovie. Vassy. Vaucluse. Vendôme.

Venise. Verdun. Verone. Versailles. Vervins, Vesoul. Vichy. Vienne (Autriche). *Vienne (Dauphine)*.

Abydos, v anc sur l'Hélesp *Achaïe*, prov du Pélop. *Achelous*, pet fl d la Thes. *Acheron*, pet fl d Gr. *Actium*, v d l'Épire. *Agrigente*, v d Sic. *Alains*, peup d l Sarmatie. *Albanie*, auj le Daghestan, sur la côte O de la mer C. *Allobroges*, peup d l Gaule, auj pays d Gen et d Gren. *Alphée*, pet fl du Pélop, dans l'Élide. *Amalecites*, peupl entre l'Eg et la Pal. *Ammon*, pays sép de la Pal par la Syr. *Anatolie*, ou Asie-min, à l'E de l'Arch. *Ancyre*, v de l'As-min. *Antioche*, v au N de Tyr, sur la méd. *Apulie*, prov. d'It, à l'E de Nap. *Aquileia*, v sur le golfe de V, auj Trieste. *Aquitaine*, prov de la G, ent Bord et Poit. *Ararat*, mont d'Am *Araxès*, fl d'Arm. *Arbelles*, v près de Ninive, à l'E. *Arcadie*, prov du Pélop. *Arethuse*, font de Sicile. *Argos*, v d Pélop *Argolide*, pays d'Arg. *Arménie*, pays d'Asie, dep la Mer N jusqu'aux lacs Van et Ourmia.

Arnus, maint le fl Arno, en Ital. *Arsinoe*, v d'Eg, auj Suez. *Asie Mineure*, entr la Mer N et la Méd. *Assyrie*, prov d'A, à l'E du Tig *Athos*, mont au nord de la mer Eg. *Attique*, prov de la Gr, pays d'Ath. *Aulide*, prov de l Gr *Ausonie*, auj le midi de l'It. *Babylone*, v jadis cél sur l'Euph en As *Bactriane*, pays situé en Asie, auj Tart ind. *Batavie*, auj la Holl. *Béotie*, contr de la Gr. *Béthulie*, v d Jud. *Bithynie*, prov de l'Asie M *Betique*, anc prov d'Esp auj Andal *Betis*, fl auj Guadal *Bizance*, auj Const.

Boristhene, fl, auj Dn. *Bosphore de Thr*, auj dét de C. *Brabant*, prov de F au N E *Calabre*, contr d l'It, r de Napl. *Chaldee*, pays d'As, entr l Tig et l'Euph. *Caledonie*, auj l'Éc. *Calmouks*, peup d l Tart. *Calpe*, auj Gib *Campanie*, prov d'It. *Cana*, v de Gal. *Cannes*, v d l'Apulie, auj Bari. *Cantabre*, auj la Biscaye. *Cappadoce*, prov de l'As min *Carie*, prov de l'As min. *Carinthie*, prov d'Al. *Carmanie*, prov de l'As. *Carniole*, contr d'Autr.

Carthage, anc v d'Af *Carthage* (la nouv), en Esp, auj Carthag. *Catane*, v d Sic. *Chersonèse Taurique*, auj Crim. *Cilicie*, prov de l'As min. *Cimbres* (les), auj les Dan. *Clazomène*, v d'Ionie. *Chéronée*, v d Gr, en Béot. *Cocyte*, fl d Camp *Colchide*, pays sur la rive E de la M N *Corcyre*, auj Corfou. *Corinthe*, anc v d Gr, auj pet villag nom Cór 'o. *Colonnes d'Hercule*, auj dét d G. *Crète*, île, auj C *Croatie*, part d l Dalm *Crotone*, vil d'It. *Cumes*, v d l'As min.

Cumes, v d'It. *Cures*, vil d'I. *Cydnus*, fl d la Turq d'A, affl d la Méd. *Cythère*, île, auj Cérigo. *Dacie*, auj la Valach et la Trans. *Dalmatie*, contr d'Illyrie. *Daumens*, anc peup de l'It. *Délos* (île), une des Cyclades. *Delphes*, v de la Béotie. *Didyme*, anc ville de Sic.

Dodone, v de l'Épire. *Doride*, prov de la Grèce. *Ecbatane*, cap de la Méd, auj Tauris. *Edessa*, v, maint Diarbékir, près l'Euph *Égine*, île près d'Ath. *Éla*, ville d'Idumée. *Égos-Potamos*, anc n d'une pet r d Turq, près des Dard. *Élana*, ville au fond du golfe Arab. *Élide*, prov du Pél. *Éolie*, prov de l'As min. Iles *Éoliennes*, ou îles de Vulcain, auj Lipari. *Éphèse*, vil de l'As m. *Épidaure*, vil du Pél. *Épire*, prov à l'O de la Tess. *Eques*, anc peup d'Italie. *Éthiopie*, anc nom de l'intér de l'Ég.

Étolie, prov d l Gr prop dite. *Étrurie*, prov de l'It sept, auj la Tosc. *Ile Eubée*, auj Négrep. *Eurimédon*, fl d l'As m, en Pamph. *Euripe*, bras d mer, ent l'île Eubée et l t ferm. *Eurotas*, fl d l'Argol. *Iles fortunées*, auj les Canaries. *Franconie*, prov d'Al. *Frise*, auj le Tyr. *Gabiens*, peup d'I, pr d R. *Gades*, auj Cadix en E *Galaad*, mont de la Syr. *Galatie*, prov de l'As m sur la mer N. *Gaule Cisalpine*, auj roy Lomb Vén. *Gaule Transalpine*, auj la Fr. *Gehon*, auj l'Araxe, fl d'Arménie. *Géorgie*, contr d'Asie, entre la m C et le Pont E.

Germanie, auj l'A. *Gessen*, pays entre l'Ég et la P. *Gètes*, peup dans la Turq d'E. *Gnide*, v de l'As min, pr de Rhodes. *Gordium*, v de la Bithinie dans l'As min *Goths*, peup de la Suède et de l'île de Gotland. *Granique*, pet fl de Bithynie, dans l'As m. *Grisons*, peup de la Suisse. *Hainaut*, pays de Namur. *Helicon*, mont de Béotie. *Héliopolis*, v d'Ég, *Hellespont*, auj les Dard, *Hemus*, mont d la Thr auj le Balk. *Heraclée*, ville de Th.

Herules, peuple de la Sarm. *Hespérie*, auj l'Es. *Heliopolis*, v de Syrie. Les *Huns*, peup de la R sept. *Hybernie*, auj l'Irl. *Hydaspe*, fl de l'Inde. *Hyperboreens*, auj les m Ourals. *Hyrcanie*, prov d'Asie. *Hebrus*, auj l'Hèbre, fl d'Espagne. *Iberie*, prov d'As, au S d Caucase. Ile *Scione*, d l m Égée. *Ida*, mont d'Asie. *Ida*, mont de Crète. *Idumée*, prov entre l'Ég et la Pal.

Ilotes, esclaves chez les Lacéd. *Imaus*, auj Himalaya. *Indus*, fl d Ind, en A. *Ionee*, prov de l'A m. *Ipsus*, lieu de l'As min, dans la Phry. *Ismaelites*, peup au S de la Syrie.

Issus, v de Cilicie. *Ister*, auj le Dan. *Ithaque*, auj Théaki, île d la Méd *Jérusalem*, cap de la Pal. *Laconie*, pays de Sp. *Lacédemone*, ou Sp. *Lampsaque*, vil de l'A m, sur l'Hélesp. *Laodicee*, vil de Lycie. *Lapithe*, v de Thess. *Larisse*, v d Thess. *Latium*, prov près de R. *Lesbos*, île de la mer Égée, auj Métélin. *Liban*, mont au n de la Pal. *Ligurie*, act pays de Gênes. *Lithuanie*, gr prov auj Pol R. *Locres*, v du mid d l'It *Lucanie*, prov d'It. *Lusitanie*, auj le Port. *Lybie*, prov d'Af à l'O de l'E. *Lycaonie*, prov de l'As m. *Lycie*, à l'O de l'E sur la Médit. *Leuctres*, petit b de Gr, en Béot. *Lydie*, prov de l'As min. *Macedoine*, roy au N de la Gr.

Madian, pays de l'Ar, au N. *Mantinee*, v du Pélop. *Marathon*, v de l'Att. *Massagètes*, peup au N de la Bact. *Mauritanie*, auj Maroc.

Macédoine, contr d'Eur, en Turq. *Mantinée*, auj Tripolizza, v de Gr. *Marathon*, v de Gr, au N d'Ath. *Memphis*, anc v d'Ég. *Mens*, anc lac d'Eg, auj Kéroun. *Mer d'Hyrcanie*, auj Mer C. *Mer Egee*, auj l'Arch Grec. *Mer Rouge*, auj golfe A. *Mésopotamie*, gr prov entr le T et l'E. *Messène*, v du Pélop. *Milet*, v de l'As m. *Mirmidons*, peup de Thess. *Moab*, pays au sud de la Syr anc *Moesie*, auj la Hongr. *Molosses*, peup au N-O de la Gr, dans l'Ep. *Movidion*, auj le Pripet, en R. *Mycène*, v du Pélop *Mytilène*, v de l'ile de Lesb. *Neustrie*, anc prov de Fr, auj N. *Nicee*, v d l'As m, auj Brousse. *Nicomédie*, anc v de l'As m *Nicopolis*, v d'Épire. *Ninive*, v jad tr céléb, sur le Tig, en Asie. *Norique*, prov de l'All, auj la Bav. *Numance*, v d'Esp, auj Soria, dans la v Cast. *Numidie*, prov d'Af, occ maint par Alg et T *Oeta*, mont de Thess. *Olympe*, mont de Thess. *Olympie*, v du Pélop dans l'Élide. *Ombrie*, contr d'It *Oreb*, mont d'As. *Ossa*, mont d l Thess. *Ostrogoths*, peuple de la Gothie or et de l'ile de Gothland. *Oxus*, auj le fl Gihon, en As. *Pactole*, fl de Lydie. *Palestine*, auj prov de la Syrie, à l'E de la Méd. *Palmyre*, v de Syrie. *Palus-Meotides*, Russie mérid, près la mer d'Az *Pamphylie*, prov de l'As min sur la Méd. *Pannonie*, prov de l'All auj l'Esclav.

Paphlagonie, contr de l'As m, auj Natolie. *Paphos*, v de Chipre, auj Baffa. *Parnasse*, mont d Thess. *Parthie*, prov au S de la Méd. *Pelasges*, anc peup de la Gréc. *Pelion*, mont de Thess. *Peloponèse*, presqu'ile au S de la Gr, auj la Mor. *Penee*, petit fl de la Thess *Pergame*, v de l'As m, près l'Arch. *Persepolis*, v d P. *Pharsale*, v de Thess, auj Larisse. *Phenicie*, prov d'As, sur l Médit. *Philippe*, v d la Turq d'E. *Philistins*, peup voisin de l Pal. *Phocide*, prov de la Gr. *Phrygie*, prov de l'A m.

Pictes, peup auj Ec. *Pinde*, mont d l Thess. *Platee*, v d l Béot, en Gr. *Le Pont*, roy d l'As m, sur la M n. *Le Pont Euxin*, auj m N. *Pouzoles*, v d'It, roy d Nap. *Propontis*, auj mer de Marm. *Ptolemais*, v d l Pal, auj Saint-J d'A. *Pylos*, v d Pélop, auj Navarin. *Rayès*, v pr la mer C. *Ramessés*, v d'Ég. *Rha*, auj Volg, en R. *Rhodope*, mont de Thr. *Rhœtie*, auj la Suisse. *Roxolanie*, Rus sept. *Rutules*, peup du Latium. *Sala*, anc v d Nubie. *Sabins*, peup d'It. *Sagonte*, v d'Esp. *Salamine*, v d l'Att. *Salentins*, peup d'It. *Le Samnium*, prov d l'anc It.

Sardes, v de Lydie. *Sarmatie*, auj Moscovie. *Saxons*, peup du Holstein. *Scandie*, ou *Scandinavie*, auj la Norwège et la Russie d'A *Scythes*, peuple de la Bulg le long de la mer Noire. *Ségeste*, ville de Sicile, *Séleucie*, ville entre l Tig et l'Euph. *Selinonte*, vil d Sicile. *Sicanie*, prov de Sicile. *Sicyone*, v d Pélop. *Sinai*, mont au N de la mer R. *Slavons*, peup de la Mold, adj T d'E. *Sogdi*, ville sur l'Indus, en As. *Sogdiana*, prov au N de la Bactr

Sparte, v d l Morée, auj Mistra. *Strymon*, pet fl d l Gr. *Stymphale*, lac de l'Arc. *Suevia*, auj la Souabe ou la Saxe. *Sybarites*, hab de Sybarie en It, sur l g d Tart *Tanais*, fl, auj le D. *Tarse*, v d l'As m, en Cil sur la M. *Tauride*, auj l Cr. *Taygète*, mont pr d Sp, d l Pélop. *Tempe*, pet fl de la Thes. *Tenare*, cap du Pélop, auj le cap Ma. *Teutons*, peuple d'All. *Thèbes*, en Eg, sur le N.

Thèbes, en Grèce, au N-O d'Ath. *Thermopyles*, déf dans la Thr·
Thessalie, prov de la Gr, auj pays de Larisse. *Thule*, auj l'Islande,
ou, sel quelq uns, les îles Féroë. *Thuringe*, prov d l H-Saxe·
Thyrreniens, peuple d Tosc. *Tibur*, v d'It, auj Tiv. *Tingis*, auj Tang,
v d'Af. *Trace* ou *Thrace*, prov d T, auj Bulg et Rom. *Tusculum*, auj
Frasc, v d'It. *Tyr*, v à l'E d l Médit. *Vandales*, peup d l Pr occid.
Venedi, peuple de la Prusse et de la Courlande. *Visigoths*, peup de
la Gothie occid. *Volsques*, peupl du Lat. *Xanthe*, pet fl de Lycie.

EXERCICES ORTHOGRAPHIQUES
ET MNÉMONIQUES.

SUJETS HISTORIQUES.

Lisez l'Histoire, et copiez ce qui suit, en complétant
les mots inachevés.

Un peupl est l réun d h d'une c, viv s un même g. Les gouvern
sont monar ou rép. L gouv mon est cel d'un s h, auq on donne l
n d'emp ou de r. Le gouv monarc est élect, si chaq monar est
chois par l nat; il est héréd, si le monar est pris de dr dans une
mêm fam; il est abs, si l mon est indép des l; il est autoc, ou
desp, si s indép est ill; il est constitut, si un contr étab les dr et
les dev du peup et du p. Dans le gouv constit, l peup est repr par
d ass législ (qui f l l), l'un est l ch d p, qui s chois par l r; l'aut
l ch d d, él par d élect pris parm l h jouiss d'un cert f, ou d'une
cert inst. L'anarch est l conf ou s tr un état d leq pers n'a ass
d'aut pour f exéc l l.

L genre h s div en d gr esp, l prem comp les h bl, en Eur; les
bl oliv, en A, et l bl cuiv, en A. Les h bl s en géu intell et civ
L 2 esp comp l hom qui ont l p d'un br foncé, com dans l'Oc, et
les nég, ou n, vers l s d l'A. Les peupl indig sont l prem hab
d'un p; les colon s les étr qui pas d un pay pour l'h et l c. Les
créol sont c q naiss en Am ou eu A d'un père ou d'une m orig
d'un aut p. On nom *insul* les p qui hab l i; *montag*, ceux q h les m;
nomad, c q viv s d l, et qui ch fréq d dem; *marit*, c q hab l b d l
m; *sauvag*, c q n'a p d l, qui n s pas civ; *barb*, si l loi s cr et irrég.
Les crétin s d êtr imparf, qu'on tr au pied des mont. T les peup
rec l'ex d'un Dieu; mais t n l'en p d l m man; c qui étab plus sort
d rel. L relig est l sent q lie l'h à D; l cult est l'hom ext qu'on l r.
Les princip rel sont le Jud, l Ch, l Mah et l Pol. Le Jud est l r d J,
le Chr est l r d J C; l Mah est l r d M. L Christ s div en 3 br princ,
l Cath qui rec l pap p ch, les Pr et l Sch grec. L'*Evang* est l l s d
Ch; l *Bib* est c des J, l *Cor* est c d M.

L'hist est l r d év p. L'hist s d en h a, h d m a, et h m. L temps
s div en s. Un siècl est l' d. Les Grec compt l an par ol, ou esp d;

les Rom c par *lus*, ou esp d. On nom ère l p où l'on c à c l ann. L'èr d Chrét com à..

Les peup anc sont, en As, l I, les Sc, les J, les Ethiope en A, les Celt et l Basq hab l'E. Les Hébr en A, les Egyp en A, les Ass hab l'A. Les Méd, les Babyl et les Niniv qui sont ven des Ass; les Phén, en A, les Gr, en E, et dont les princ peup f les Ath, les Th, les Sp ou Lac; les Carth, en A; les Rom, en E; les Pers, en A, les Macéd, en E; les Parth, en A.

Les peupl du moy-âg qui s form d l'emp rom f les Bourg, les Suév, l Vand, l Al, les Fr, l Hér, les Ostrog, les Vis, les Lomb.

Les peup mod sont les F, fond C; les Esp, fond p Léov; les Ar, légis Mah; les Maur, ch Abd. Les Suéd, les Angl, les Rus, fond R; les All, les Dan, les Hong, l Nap, l Sic, l Poit, l Boh, l Tur, l Suis, les Holl, l Belg, l Pr, l Bav, l Wurt, les Sax, l Gr, l Aut, l It, l Pol, l Suéd, l Amér.

L'hist s est l'h d peup j; elle comm av l monde, 4 an av J C. On la div en l ép, q s, la *créat*, l *dél*, l *voc d'Ab*, l *sort d'Eg*, l *roi*, l *Schis*, l *capt d B*, l *gouv des Pontif*.

Les princ évèn d l'hist s sont · l créat, la désob d'Ad, l punit d'A et d'E, l meurt d'A, l naiss d S, l corrup d hom, l constr d l'arch, l dél, l const d l tour d B, l dispers d h, l voc d'Abr, l sacr d'Is, l'expuls d'Ism, la cess d dr d'aîn par E à J, l captiv d Jos, s puiss, l persée d Isr par l Eg, l naiss d Moï, s miss, l pl d'Eg, l pâq, l sort d'Eg, l pass d l m R, l destr d l'arm d r d'Eg, l manne, l publ d Décal, l'écrit par M, des 5 liv d l *Bib*, l G, l'E, l L, les N et l D, l mort d M. J lui succ, l pass d J, l pr d Jér, l'ordr d s'arr q J donn au S, l'entr d Isr dans l terr pr, l part d l terr pr, l déf des Isr par Ch, roi d M, l délivr par Oth, l vict d Géd sur l Mad, l vict et l v d Jeph, vict d Sams s les Ph, s capt, s m, l mor d'Hél, judic d Sam, l sac d Saül, l suppl d'Ag, l comb d Dav c G, l jal d S contr D, l réprob et l mort de S, l sac d Dav, l mort d'Ur, l rév d'Abs, s mort, constr d temp par S, jugem d S, l'idolât d Sal, punit d c faut, l Schism d 10 trib, l fond d Sam, l miracl d'Elie, s enl au c, cruauté d'Athal, s mort, l règ d J, sou crim, l capt d Isr, l cond d Tob, l sièg d Béth par Hol, l capt d J à Bab, l cond d Daniel, l ret d Juifs à J, par l perm d Cyr, l reconst d t, l'élév d'Esth, l pun d'Am, l persée d'Antioch, l vict d J M, l mort d'Antioc, l conq d l Jud par l Rom, l naiss d J C, l cruaut d'Hér, les mirac d J C, l pass d J C, l mort, la résur, l'asc d J C.

Les livr q comp l Bib sont, out l Pent d M, l liv d Jes, des jug, d Rut, l 4 liv d roi, l Paral, l 2 liv d'Esd, l'hist d T, d Jud, d'Est, d Job, des Mach, les psaum d D, l Prov, l'Eccl, l cant d C, l Sag, l'Eccl, les proph, Is, Jér, Ez, Da, Ba, Oz, Jo, Am, Abd, Jon, Mic, Nah, Hab, Soph, Agg, Zac, Mal.

Les princ roi Eg fur Mén, Thout, Bus, Os, Mœ, Am, Sés, Ps, Néc, Apr, Ps.

Camb puis Al-l-G s'emp d l'E en.. Apr Alex, l'Eg eut l r du nom d Ptol. Cléopât, dern r d'Eg, s donn l m par l m d'un asp, pour ne p t viv ent l m des R Les Egyp ad l sol, l l, les élém, les anim, et surt l b Ap, les ch, l ch, l'ichn, l loup, l croc, etc. Les monum remarq d Eg s les Pyr; ils emb les mort pour l cons; c'est c qu'on app des m.

Les Mamel sont des sold Eg; l roi s nom *soud*, ou *sul*. Les chef ou mag s l b, les pach. Les Franc s'empar d l'Eg en 98; il l'ab en 1. L'Eg est au pouv des T. Les princ vil d'Eg sont L C, Al, D

Les princ roi Ass f Bél, Nin, Sém reine, Sard L princ roi d Niniv f Tég-Ph, Salm. L pr r d Babyl f Bél, Ass-Had, Nab.

Les Phénic ét un p qui hab l côt sept d l'A. C'est d q n s venu les car alph.

Les Athén l pl cél fur l roi Céc, Thés, Codr, les législ Dr, Sol, les génér f Milt, Thém, Arist, Pér, Alc.

Les évèn les pl rem de l'hist grecq fur les guerr Pers, la vict de Marath, gag p M cont D, l bat d Sal, gag par Thém; l retr des dix-m, dirig et éc par Xén; l guer du Pélop, entr Ath et Sp, c g s term par l r d'Ath; l guer d Béot, où les Spart f vainc p Epam, g Théb, aux bat d Leuct et d Mant; les guerr cont les Phoc, cont les Gaul, qui pili l temp d D, cont Phil, roi d M, qui vainq l Gr à Chér; cont l Rom, dans l q les Grecs f soum par Syll; cont l T, qui s'emp d l Gr en . Enf en.. les Gr se soulev cont l opp, et, ap bien d comb et des mass, l Fr, l'Ang et l R s'interp, et sur l ref d T, d cess l g, l flot comb dét à N l fl T, et rend au Gr l lib.

Les princ guerr de Spart f Léonid, qui.. Lys, qui... Agésil, qui.. Paus, qui..

Les princ guerr Théb f Pélop et Ep, qui..

Les vill l pl céléb d l Gr s Ath, Sp ou L, Th, Delp.

L pl cél phil gr f Thal, Pitt, Bi, Sol, Pér, Sol, Chil, Soc, Pl, Aris, Théop, Pyth, Anax, Xén, Arist, Diog, Démoc, Hérac, Epic.

Les pr poët gr f Hés, Hom, Es, Anac, Pind.

Les math f Arch, Eucl. Les médec f Hyp, Gal. Les orat f Dém, Esch. L hist f Hér, Xén, Thuc. L peint f Z, Ap L sculp f Prax, Ph. L mus f Orp, Amp. L poët trag f Esch, Sop, Eur.

L princ évèn d l'hist gr pend l temps fab f l'exp d Arg, l trav d'H, l g d Tr. L Arg ét des Gr qui, s un v n Arg, all s'emp d tr d roi d C. L princ Argon f Jas, Herc, Th, Cast et P, Nest. Herc ét un hom d'une f ext; ses princ expl f..

L guer d Tr f occ p l'enl q f P d'H, f d M r d S. L Gr, pour v cet inj, équip l v; ils ass l v d T, et s'en emp, ap l an, au moy d strat suiv. Ils...

L princ chef d l'entr f Ag, Ach, Ul, Tél, Nest, Idom. L Troy q s dist d c g f Hect, Par.

Les Macéd ét un p d s l'E; l princ r f Phil et A-l-G, s f. L princ expl d'Al f l pr d Th, l déf d Pers a b d Gr, l vict d'Is, cont D, r d P, l pr d T, l conq d l'Eg, l déf d Dar à Ar, l conq d l'In, d l P et d l Méd. Al mour à B, à l'âg d.. en l'an.. d'une m caus p

l déb, ou l p. A s mort, s v emp f part ent s g, qui f ens soum
par l R.

L'hist rom com 5 ans a J C, ell s div en 5 ép, qui s rapp à diff
gouv d R : l roy, l rép et l'emp. Rom f fond par R et R, fils d
L roi d R fur R, N, T, A, T, S, T.

Les év rem arr pend l royauté d R fur l'enl d S, l mort d R,
l destr d'Alb, l comb des H, l'injure faite à Luc, l'abol d l roy.
Les princ év arr pend l rép f l consp en f d T, l dévouem d'H, l
conr d Clél. l siég d R par P, l dév d Muc S L rév d peup, q s
ret s l m Sac, l'étab d Trib, l siég d R par Cor, le dévouem des
Fab, l guer cont l Samn, l défait d Rom aux F Caud, l guer cont
Pyr, les tr guer Pun, l bat d Can, l bat d Zam, l ruine d Cart,
l guer cont Jug, l déf des Cimb et d T, l rival d Mar et d Syl, l
vict d Spart, l guer cont Mith, l conj d Cat, l'étab d 1er triamv,
l conq des G, l déf d Pomp à Ph, l mort d J C, l sec triumv, la
déf d'Ant à l bat d'Act, l conj d Cm, l'étab d l'emp.

Les princ guerr rom f Hor, Muc, Hor C, Br, Cor, Cinc, Cam,
Fab, Dent, Duil, Rég, Mét, Scip I, P Em, Sc II, Mumu, Mar,
Syl, Sert, Crass, Pomp, Luc, J C, Br, Cass, Ant, Agr.

Hor est rem par ...; il mour .

Les lieux où des faits rem ont eu lieu pend l répub rom sont
Clusium, l'Etrurie, Corioles, Faléres, Carthage, Syracuse, Sagonte,
Cannes, Capoue, Pergame, les Gaules, Pharsale, le Rubicon,
Alexandrie, Actium, Germ, Fid, Espag, Jérus, Alex, Hercul,
Pomp.

Les princ orat rom fur Cic, Gés, les poèt f Lucr, Hor, Virg,
Ov; les hist f J C, Sall, Tit-L, Quint-C, Corn-N, Just, Suét,
Tac, Plut.

HISTOIRE DE FRANCE.

L'Hist d Fr est l récit des évén arriv dans not patr. N dat les
év à partir d la naiss de J-C. Un siècle est un esp de c ans. La Fr
est le pays hab par les F ; la F port autref le n de G. Les prem hab
se nom l G ; il ador les faux d ; leur relig ét cr ; il immol à l d des
vict h ; l prêtr s'app Dr. L Dr av une gr autor ; ils et les arbit des
proc ; ils instruis la j, et habit le pays de Ch. L G ét vaill et génér,
il pr R 3 ans av J.-C. ; ils fur repouss par Cam ; leurs disc l affaibl ;
ils fur vainc par J.-C. ans av J-C. N av conserv quelq rest des
gr trav qu'ils av f. Les Rom s'affaibl à leur t ; l emper ét lâch
et cr ; les peup se révol ; de nouv roy se form. L Fr hab d l nord
de l'Al ; ils entr d l G vers l'an 4.

Phar fut le 1er r d F ; Clod lui succ en 4 ; il fut rep p l Rom
Mérov succ à C en 4 ; l Fr se joign aux R et aux Vis, il défir Att
r des H. L bat se livr près d Ch-s-M. At y perd 2 h. En mém d
cet bat, on donn aux r d l 1re race l nom de Mérov. Ch succ à M
ren 4. C p fut ch d tr à c d s mauv cond. Clov mont s l tr en 4 ; il

v l R à S, l Fr prir ens l nom d Fr. Clovis s fit ch apr la b d T. Il fut bapt par s R, il déf ens Al roi des V, à V. C peupl s retir en Esp. Pour s'att l Gaul et l Rom vaincu, Clov l laissa l pr et l lois ; il fonda ainsi l mon fr. Clov tein sa gl par des cr ; il fit assass l pet pr vois, et s'empar d l ét, il mour à P en 5. A la mort d Cl, la Fr fut part ent s 4 f. Child 1er régna à P en 1.

Clot son fr lui succ en 5 ; il réun l 4 roy en égorg s n. A la m d Clot, l Fr fut de nouv part en 4 p qui ét la N, l'A, l'Aq, et le roy d'Orl. Car rég à P. Chilp lui succ en 67. Chilp ét méch et cr, on l'a surn l N d l Fr. Nér ét un emp rom qui com des cr affr. Chilp ép Fréd, qui ét aussi méch q lui, elle l f ass par L. Cl II s f lui succ en 5 ; son rég fut remp d'atroc ; il s'emp de Brun, r d'Aust, et la f att à la q d'un chev foug, qui mit son corps en p. Les mair du pal ét des off qui av soin des m r. Cl l rend inam ; ils dev bient tr-puiss et fin par s'emp d tr en 7. Dagob Ier succ à C son p en .., il bât l'égl et l m d S D. Il eut pour minis l'orf S É.

Cl Ier, Cl I, Cl I, Ch I, T I, Cl I, Ch I, D I, Ch I, Th I et Ch I ne f rien pour l bonh des F ; ils ne s pas même cons l aut, on l nom pour c rais r f. L pr maire d p, f É, P d'h, Ch-M et P le B. Ch M fut tr-puiss ; il déf l s à V près de P ; il l tua, dit-on 5 h ; et l chef A. Ch M laiss l'aut à s f P le B ; cel ci fit ras et enf le r Ch I, dans un m, et s'emp du tr. Les Fr ét al div en 5 cl, qui ét les nob, le cl et l p. On rend al la just d'une façon sing. L crim ét tr com ; on av fixé une ranç, dep les inj jusq meurt. L coup pay une s proport au dél ou au cr. Dans les caus embar, on recour à des épr, appel j du D. Les pr épr jud ét l d et le f. P le B soll l'appr du p, q la l acc ; en réc, P pass en It, f la g aux Lomb, et donn l pays au p.

Ch succ à P l B, s p, en 7. Il f puiss mais cruel, com l'ét les rois d c époq. Ch vainq D, roi des Lomb, et fut cour emp d'Occid, à R l'an 8 ; il repouss les Sarr jusq sur l'Eb en Esp, et réun à ses ét la Bav et l'Autr ; il voul soum les S, q l résist p 3 ans. W l ch s soum à l fin, et s fit chr. Ch protég les arts et les sc ; il établ des éc, et réc les sav, il mour à A, en 8. L le D suc à s p C, en 8, il associa ses f à l c ; mais il se révolte plus f contr l. À l mort de L le D, ses 3 f se f la g ; ils se livr une gr bat à F, et se part ens l'emp. Ch II le C eut la Fr en part, il donn des terr aux seig, pour apais leurs rév, ce fut l'orig du gouv féod. Les pet seig dép des gr ; ceux ci dev ob au roi ; mais ils l f souv la g ; les paysans ét appel s ou vil, il ét escl des seign.

Les Normands, ou hom du n, envah à l tour l Fr ; Ch-le Ch, au l l les comb, l donna de l, aussi rev ils souv ; pend 8 ans, tout l vill d n et d l'o de la Fr f pill et br ; les habit f emm et vend d l pays étr. L II le C succ à Ch-le-Ch en 77. L III et C succ à l p en 79 ; ces rois ne f r d rem. Ch l G mont s l tr en 85, il laiss l N ass P pend 1 an, c lâch l f dép, il f rempl par E. Ch III l s ne p repous l N, il l don l part de la N que nous app auj N, et acc en mar s fil, G, à R l chef ; Ch fut détr par R et se ret à P, où il mour

en pris. À la mort de R, L IV d'O lui succ, Loth et L V régn sous
la tut de H l Gr ; L V mour s enf en 7 ; il fut le d r d l sec r.

H C f l 1er roi de la 3e race, il f élu r à N en 7, il fit nom s f R
son succ, et mour en 6. Rob f exc pour av ép B sa cous ; il fut
obligé d s soum au p ; il s sép de B et épous C qui l rend m. Henri I
succéda à R son p en 51 ; sous ce rég, l désord f si gr, qu'on étab
un régl pour déf d s batt pl de 3 j par sem ; cette loi f app T de D ;
elle ne fut p long t ob. Ph I dev r en 60. La conq de l'Angl et la
1re crois eur l pend s rég. L'Angl fut conq par G le C, en 66. Les
crois ét d g contr les Mah, pour l enl J, où s tr le tomb de J C
Les croisés port une cr r sur l'ép ; ils s'emp de Jér ; mais l'amb les
div et Jér retomb au pouv d T en 87. Les cr fur avant pour l'Eu-
rop, elle débar le pays des pill et des vag, et favoris l'affranc du
peupl.

Louis VI le G suc à P en 8, il fav l'aff d s qui le déf contr les
seign. L VII le J dev r en 37, il entrep une sec cr ; mais il n p
réuss, il répud sa f Éléon, à qui app la G et le P, elle ép ens Rich,
qui dev r d'Angl ; l Angl poss al tout l'est de la France ; il en résult d loug et sangl g, entr l d peupl ; elles dur plus d siécle.
Ph II a m sur l tr en 1 ; il pr part à la 3me crois, qui fut sans résult
avant ; l chef n pur s'entend. L roi d'Angl v aug ses poss en Fr
Ph A l décl la g, et l vainq à T. On fit une 4 cr, a laq il ne pr auc
p ; il gag à B une gr bat sur les A. On f aus contr l hér ét Alb, une
crois pend laquel ces malh f peis et brúl, et l pays dév.

L VIII suc à s p en. Les Angl l'av ch p r ; mais ils l'ab p II III.
L VIII f une autre cr cont les Alb, qui ruin eux m le pays par où
les crois dev p ; ceux ci fur oblig de s retir. L IX (S L) s f, dev
roi à l'âge de 5 ans en 1.. Il fut puiss second par la reine B s m,
qui répr l rév des seigne. Elle term la g contr l A, par l mar de
2 fr avec la f du C de T. S L entr l 6e crois ; il all en Égyp, malg
l cons d s m ; il obt d'ab quelq succ ; mais l'impr de s fr perd
l'arm ; le r ains q c qui l'acc, fur f pris apr la bat d la M ; il obt
des T sa lib, en l rend la ville de D, il pay une gr som, pour les
aut pris Il fonda l'h des Q V, pour 300 ch à q les Sar av cr les
y, il s'apr l à r la just av s. Il entrep la 7me et dern cr ; il se dirig
contr T ; la peste se mit d l'arm, et lui-m en m en 70, ainsi q plus
pers d s f

Ph I l H suc à S L, en 12. Il concl une tr avec l B d T, et rev
en F. L'éven l pl rem arr pend s rég fut l mass q l Sic fir d Fr,
à P, en 82 n nom c mass l V S, il eu lieu l l d P, au s d v, dans
l'il t ent C mass fut exc par l lic des Fr, et par l'amb d r d'Arag.
Ph I H vo . eng l Fr, il entr en Esp, et sacc plus v ; mais l mal
s m d l'arr , il f obl d s ret, et mour en rev, à P, en 12.

Ph IV i   suc à s p en 85 ; il s'empara de l Fl ; mais les Fl
accab d'i . se rév, ils mass l Fr, et gag l bat d C ; il fu vainc
l'ann sui   i, mais Ph le B fut contr d l rend la lib. Ph le B eut
d viol dé   et avec le p, B VIII, qui l'exc, et voul l détr ; P f
arrêt l p, qui mour en pris, on él un aut p ç s'établ à Av,

où ses suc résid p 70. L templ ét d rel mil tr-rich; on les accus d déb et d cr; l roi et le p ab cet ord, et le G m, J d M, f br t v à P, ainsi q 5 ch, q pér en prot de l inn; on n'a jam s si ce jug f j ou inj.

L le H, Ph V et Ch le B dev r en. Charl IV l B m sans enf. Ed roi d'A prét hér d l cour, p q il ét p sa mère, neveu de Ch le B; mais les ét gén décl que selon l loi sal, Ed n'av auc dr au tr; Ph VI d V f procl en 15. Le r d'Angl cont l g; les Flam l rec pour r d Fr; il détr l fl fr à l bat d l'Ecl. Les guerr entr l Fr et l'Ang dur jusqu'en 15. Ed s'av jusq Par. Ph rass une arm sup en nomb; mais elle ét comp d'une nobl ind; les Angl se retr à Cr, dans un pos av; Ph les attaq, il f v; l'arm fr perd 11 pr, 12 ch et pl d 30 s. Ed ass ens Cal, qui l rés pend 1: l fam forc les hab d s rend. Ed exig q 6 des pr bourg lui f liv; il all les faire mett à m, mais il l laiss l v, à l prière d l r son ép; il chass l hab, et rep l v d fam ang. Cal rest pend 2 an soum aux r d'Ang. Sous c rég, l Fr f augm d comt d M, et d D. Les fils aîn des r d F a port l tit d D, jusq la rév de 18. Ph V m en 13.

J l B l succ en 50. L guer cont av les Angl; l arm angl ét com par l pr d G, surn l pr N, à cause d l coul d s cuir; il ravag l n d l Fr; J l B l att pr d P, d une pos inexp; l Fr ét b pl nomb; il f cep v, et l r lui-m f f pris et cond en Ang. La pert d c bat f du à l'impr d r, et à l'indisc d l'arm.

Pend l capt d r, l rég f conf à s f Ch, qui mérit dep l surn d S, il convoq l ét-gén, qui voul corrig l ab. L peup s rév; l dauph f obl d quitt P. Marc, prév d march ét l ch d l'insur; il ét aid p Ch l M, r d Nav, et gend d r J. Marc f ass, et l roi rent d P.

Pend c t, l nobl acc l peup d vex et d'out; l pays s rév; il pill et brûl l ch, égorg l s. Les seign, par déris, nom l peup J B, c'est c q f app c rév l J.

On concl av les Angl l malh tr d Br, par leq on l acc l G, l L, l P, l S et l'Anj, et 5 éc d'or p l r d r. Les Angl poss déj Cal, et les pays envir; les ét-gén ref d'appr l tra; al le roi ret en Angl, p n p manq à s p; il y m, en 13.

Ch V suc à s p en 14. On av l p av l A; les sold n voul p repr les tr des ch; il s réun p band, qui prir l n d M. Ils ranç plus vill; il batt l troup qu'on envoy c eux. L con Bert D en déb l F, en l cond en Esp au sec d H d Tr q fut détr p s fr. Charl V rép un p les m d l Fr; il réf l ab, rétab l'ord, f respect l j et org l'arm, il recomm l g c l Ang, et l eul l prov d ils s'ét emp except Cal. L bibl roy n cont q 2 v; il en réun 9; elle en comp auj 800 m. L plus gr seig d c temps n sav p sig, il app sur l écr qu'on fais p e, l pom d l ép, en dis : « J l'ai scel d p, et je l sout av l p. » Ch V m en 13.

Ch VI suc à s p en 80, à l'âg d 12. Ses oncl pill les trés d l'ét. L r tomb en dém à l'âg de 24, ce qui don lieu à l g civ entr l B et l Arm. Les Bourg ét l part d d d B, qui av fait t l d d'Orl, fr d r. L d'Arm ét à l t des part d d d'Orl. Les Ang prof d c dés; il rentr en Fr en 15 ; on l opp, comm à Créc et à P, une arm tr f pl nomb ; mais l'imp des Fr l f perd l bat d'Az (en Art) ; les Ang s'emp d l Norm et du M.

Le duc d B f ass à Mont (Y) en prés d dauph. Isab d B favor les Ang ; elle donn s f en mar à l r H V, et l f procl à P, roi d Fr et d'Angl ; l dauph f obl d s ret au del d l L, où il n l rest pl q q q prov ; mais l r d'Angl m en 22, son fils H VI f décl roi d Fr, Ch VI mour d l m ann et l dauph pr l nom d Ch VII.

C jeune pr n song qu'à s pl ; il all perd s cour ; mais l'org des Angl irr l nat fr, l'am d l pat, l hain du joug étrang, rall ant d Ch VII, une foul d'hom br et gén. Rich, La H, Saintr, et surt l br D ranim l cour d Fr. L Angl ass l v d'Orl ; l fam all forc les hab d s r, lorsqu'une j f nom J d'Arc vint offr au r d dél Orl, d l faire sac à R, et d ch l Ang On conf q q troup à J, ell f lev l siég d'Orl ; son ex ranim l cour des Fr ; l Angl f rep, l r f sacr à R, J voul al s ret ; mais l r l ret ; ell rend enc d gr serv ; mais ell f pr p l Angl, dev Comp, dont un cap av f exp ferm l port.

J f br v à R, com sorc, par l Angl. Ch VI n f auc dém p l déliv. Il rentr bient apr d P ; on donn au sold une sold régl, et on enlev aux Angl l conq exc Cal. L commerce repr un p d'ext. Jacq C y acq d'imm rich ; il prêt pl d 3 millions au r, qui l fit son trés. Il fut bient disg et exil. L'imprim av été inv à St ou à M en 36, par J G. L Turcs s'emp d C en 53, et s'établ en E. Ch V s laiss mour d f, dans l crainte d'êtr emp p s f, qui l succ en 61, s l nom d L,

L X dev r en 14 ; il soum l gr vass, qui s'ét rév ; il en f mour un gr n ; il all à Pér, pour tr av l duc d B, Chr l Tém ; mais cel ci l ret pris, et n l rend l lib qu'ap en av obt des av, pour l et p s am. L X rep par l f ce qui l av été arr p l nécess. C pr ét auss sup q cr ; il port à s bonn des mad en pl a q il dem pard des crim qu'il ord. Il n'av d'autr soc q son médec, son barb et son fav, Oliv l D, et son bourr T l'Herm.

L XI f, malg l, ut à l Fr, en détr l pet tyr q oppr les pr ; il étab les p, p s us, il prot 1.1res impr. Ch l T, f t p les S dev N, qu'il ass ; l duch d B f r à l F. Il s'emp auss d l'Art et d l Pic, et acq l Prov, l M, l'Anj et l Rouss. Il m à Pl l T en 83.

L succ d L XI fut Ch, s f, q n'av q ans. A d B, s s, s'emp d p₁ l duc d'Orl prét à l rég ; il s lig av l d d Br ; m il f f pris à l bat d St Aub.

Ann f d duc d Br, ép Ch VIII, et l Br f réun à l Fr. Ch VIII voul s'emp du roy d N, auq il av q q dr ; il en f l conq en 3 m ; mais son inhab l l f p auss prompt, il f obl d s ret ; c f à s ret qu'av 8 h, il gag s l Ital, l bat d F. On f s ce rég les d pl gr déc des temps mod ; l'Am f déc p Ch C en 92, et la rout marit des Ind par l c d B E, q f doubl en 97 par V d G.

L XII suc à s c en 14 ; c r f sag et b ; il pard à c q l'av perséc s l règ précéd. « L roi d Fr n veng p l inj d d d'Orl, » rép il à c qui l'eng à l veng. Il av ép J sec f d L ; il l rép et rep A v⁰ d C ; il fit l g-en It; il gagn l bat d'Agn et d Rav, où s nev G d F fut t. G d'Amb f s min; il ét card et asp à la tiar; c amb l f entr l F d d gu ruin. L XII reç l n d P d P; il mour en 15.

Fr I succ à s c en 15. En lui comm l 2ᵉ branch d Val. Il recom l g en It, et gag cont l S la céléb bat d M; il perd cont C-Q l bat d Pav où il f f pris, il f cond à M; il recouv l lib en porm une ranç q l ét gén ref, et l guer recom; la Fr obt quelq av, l paix f concl à C. Ch-Q osa trav l Fr pour aller répr une révolt d l P-B. F I ref d ten s pr, et l guer recom en It; m l Fr f obl d ren à l prét. Luth, m aug, établ l relig réf, s part pr p l t l nom d Pr. F I perséc l réform en Fr, tand qu'il fais l guer av l Luth d'All; il en f brûl pl à Par; il f détr 22 b ou vill d la Pr. Les h cél f Rab, c d M, C M, écriv d l œuv s enc ent, l chev Bay, cél par s br et s loy. F I étab l loter, qui a été ab en 18, il étab l man d gl d G. F I m en 47.

H I suc à s p en 15. L pers cont l Prot contin; on fit l guerre av l'Esp, l Fr perd l bat d Sᵗ Q et d Gr. Cal f rep aux Ang. H II av ép la cél Cath d M; il mour des suit d'un coup d l qu'il reç en cour d un tourn cont l c d M, il laiss 5 f qui port success l cour.

Fr II s f lui succ en 59. Il ép M S, r d'Ec. S ce rég, l d et l card d G ab d leur aut; une gr consp écl à Amb où ét l cour; l pr d Cond et l'am d Col, en ét les pr chef; il voul s'emp du r et d l'aut; m l compl f déc; l pr d Cond all êtr décap, lorsq l r mour en 60 M S ret en Ec, et f décap p l'ord d s cous El r d'A.

Ch IX suc à s f en 60, à l'âg d. S mère C d M f rég. L d de G mass pl d 60 prot à V, ce f l sig d g de relig; l prot s'arm, il f v à D, où l pr d Cond, l ch, f t; l d d G f ass par P dev Orl qu'il assiég; ils f enc vainc à J, à Sᵗ D, et à M; m l j roi d Nav et l'am d Col l rest. Pour s'emp d c hom intrép, Ch IX, à l'instig d s m, accord s s en mar au r d N; il accab d car Col et l aut ch prot, et, d l n d 2. A 72, au mil d réj, Col f ass; pl d 6 prot f mass, l r lui-m, tir p une f sur c q cherc à échap à c horr bouch. L r d N n'obt l vie qu'en abj l rel pr. L mass av ét ord par tout l Fr. Quelq gouv ref d'ob à l'ord cr qu'il av reç. Ce mass f nom l Sᵗ B. L r mour bient apr déch d rem, à l'âg d 4, en 74.

L d d'Anj s fr q av ét él roi d P, lui succ s l nom d H I, il perm aux prot l'exér d l relig; l d d G form al une lig, d l but d s'emp d tr; il acq une tell aut q l roi f obl d q P; l r d Nav gag l bat d C, cont l tr roy; H III p s déf d d d G, le f ass à Bl; le cons d l Sorb décl l r déch d tr; m il s joig au r d Nav; l lig f batt; les d roi s disp à attaq P, lorsq un moin nom J C ass H I, à S C, en 89. H d N ét s pl pr par.

H IV fut rec r en 15; m pl seign procl l c d B. L d d M, qui ét à l tête f v p H à A et à I, l r assiég P, q souff long-t les horr d la f; H f obl d s retir; il abj bient l prot, et rent d l cap; il rend à N, un éd par leq il acc aux Prot l lib ex d l rel. Il eut pour min, le sag S qui rét l'ord d les fin; il ser parv à rép les m d guer civ; m il f ass p R en 10, et laiss l tr à s f âg d 9 ans.

L X succ à H en 16, M d Méd s m f décl rég; elle donn s conf

à un ît, nom C q dev maréc d', la cour s liv aux prod, Sull f él,
l princ seign s rév, l mar d'A f ass av l perm d r. E Gàl, s f, f
brûl t v, comm sorc. L duc d L dev t puis, l rem f ex à B; l guer
civ recom; Rich, évêq de L, parv au min; il voul soum l Pr, q
av l R p cap, c vil f pr ap un l s. L'org et l sév d R excit d troub
et d rév, q l roi lui-m appr, m Rich f tr l tête à pl seig. L m
en 43.

L X suc à s p à l'âg d en 16, un aut It nom Maz succ à R; s
org et s dissim l f haïr d seig; on f l g aux Esp et aux Autr, les Es
f vainc à Roc, p l j d d'E; ces succ amen la paix d W. L P s'ét
révolt; cet rév s nom l Fr; la r A d'Aut, quitt P av l r. L princ
chef d l Fr ét Tur, P d G, coadj d l'arch d P; Tur rev à l cour,
tand q Cond pass d côt d Esp, Tur gag l bat d D, et l p f enf concl
en 58, d l'il d F, au mil d l B q sép l Fr d l'Esp; l Fr obt l Rous,
et plus vill dans l'Art et d l Fl. L roi chois p min C, d l cap, l'esp
d'ord et d'écon augm l ress d l Fr; l com f rau, l sav f réc. L conq
d L XIV excit l jal d aut nat; l II, l'Esp et l'Autr rec l g; l roi fut
puiss second par Cond, Tur et Vaub, L XIV s'emp d l Holl, d l
Fr Comt et d'une part d l Fl, l paix f concl en 80, à Nim L XIV
s'emp auss d Str; il f l g aux Gén; il ép secrèt M d M q l domin;
il révoq l'éd d N, et forç pl d 2 Prot d'ab l Fr; il port l fort et
l ind ch l étr; l puiss enn s lig d nouv cont l Fi. Guill, Stathoud
d H ay détr s b père, Jacq II r d'A, il tourn cont l Fr les forc d s
nouv roy Les succ d Fr am l p de Rys en 97. L guer s rall à l
mort d Ch II r d'Esp, qui av nom p succ un p f d L. L fin ét ép,
l bon gén ét m; les Fr f vainc en plus comb, et surt à Malpl.
L all êtr contr d'accept l dur cond que l imp les enn, lorsq Vill
remp à D une vict q sauv l F, et la p f concl à Rast, en 14; le tr
d'Esp rest à Phil II.

Les min cél f Maz, Colb, Louv. Les guer f Cond, Tur, Lux,
Cat, Vend, Vill, Vaub. Les mar f Duq, Dug-Tr, Tourv, J-B. Les
mag f Dag, Lam, Poth. Les orat chr f Boss, Fénél, Bourd, Fléch,
Mass Les poët et l écriv f Boil, Mol, La F, Corn, Rac, Créb,
Pasc, L Br, L Roch, Desc, Font, J B Rouss, Rac fils, Mmes Deshoul,
de Sév. Les peint f Le Pouss, Lebr. Les sculpt f L Pug.

L XV succ à L X à l'âge de .; il eu pour s préc l'inf D, q parv à
se f nom C. Le duc d'Orl s'emp d l rég, et d l'aut; c princ av une
cond déb, l cour suiv s exemp, et l'imm dev presq gén. L XIV av
laiss d dett én; un Ec, nom L, prop d l pay au moy d'un pap
mon, qui f reç d'ab av fav; m bient on recon q l'ét n pourr remb
tous c bill; on voul s'en déf, m pers ne voul plus l recev, et pl
mill d fam f ruin p c hont traf.

La pest rav l mid d l F, et enlev la moit de la popul d M. Le roi
dev maj, et à l mort d d d'O, l min f conf au d d B, q f bient
remp p l card d Fl, préc d r. L roi d Pol, S L fut détr. L XV q
ét son g arm pour l rét; apr tr an, Stan ren au tròn d Pol, et reç,
en comp l d d L et d B, q a s m, f réun a l Fr. L guer d l suc
d'Aut f caus p l prét d plus princ All. L XV s'un a eux par pol;
mais l dév des Hong p M Th, rend a c princ l tr d s père. La pl

cél bat livr d c g f cel d F, gag p les Fr sur l Ang et l All. La vict f long-t disp; L XV s disp a f dev une col angl, lorsqu'une charge de caval l disp.

Les Ang prof d l faib d n m pour s'emp d n col. L paix f concl à A l ch; l'emp d'all rest à M T, qui av ép. L guer d 7 an f occ p l mauv f des Ang, q attaq et pr n bât march, s auc décl d g; l mar ét bien supér à l n, et il u enlev l Can. L Fr f d'ab pl heur eu E, il batt l Ang d l Méd et en All; mais l Pr s'un aux A; les Fr f vainc a Rosb, et oblig d sacrif l col, pour obt l p, q f sig à P en 17. Les Jés av ét ab et rét, s H IV; il fur d nouv abol en 4, mais il ont été rét dep l rest. L Cors f réun a l Fr en 8. L Pol f partag entr l R, l'A et l P, s q le roi d Fr os s opp. L *lett d cach* ét l'ord q donn l r p faire renf s jug, à l B, c q av l malh d dépl a q q pers en créd. On nom *parlem* la réun des mag jud; c mag voul s'opp aux ab; l roi l f ex; les trés d l'ét ab à des court diss; tout c c ûr per au roi l resp et l'aff d Fr, et prép d révol. Les court av don à L X l surn d *B-A*, il n s p l mér. Les hom 'cél d c rég f les maréch d Luxemb, d Rich, d Sax, Tallard, Viller; les amir L Gal, Suffr, Trév; l chanc d'Ag, d Lamoign, Maup. L phil d'Alemb, Cond, Did, Dumars, Font, Malebr, Montesq, J J R, Volt, l hist Daniel, Roll, Vertot, Volt; l nat Buff; les poët L Rac, J B Rous, Créb, L Harp, Volt, Pir, Dest; l math Bez, Clair, d'Al, Lagrang; les rom Le Sage, Marm, Volt; l'astr Bord, Cassini, Lagr; l méc Vauc; l phys Réaum; les music Gluck, Grétr, Phil, Ram

L XVI succ à s p en 17; il av ép M Ant d'A. C roi ét bon; mais il av un caract faib. Il affranc l s qui s tr enc d l dom r, il abol l quest, c'est-à-d les tort qu'on f souff aux acc, p l forc d'av l crim d on l acc, soit qu'il f coup ou non.

Les peupl d l'Am Sept ét soum a A. C-ci voul f pay a l col une part d d énorm d l'Angl. L Am ref; il s soul, s'affr d j d Ang, et fond une rép tr fl; elle port l nom d'E-U. L Fr ét irrit d l pert d Can; un gr nomb all au sec d Am. L Fay équip mêm un vaiss à s fr, p c suj. L XVI concl un tr d'all et d comm av l nouv ét; les Angl décl al l g aux Fr, qui env des sec aux Am, et les Ang f enf obl d reconn l'ind d Am.

L guer av aug l det d l Fr, déj ép par l dilap des rég précéd; l peup seul pay d'énorm imp, d il ét surch; on convoq une ass des not; c assemb ét comp des pr memb d l nob et d clerg; il n'acc presq r; on f obl d conv l Et G l 5 mai 89. C état ét l'assemb d dép d l nat, chois parm l 3 ord; on av donn au T-Et, un nomb d dép ég a c d l nob et d clerg; ces deru voul délib sépar; mais les dép d T-Et obl les aut a ne form qu'une assemb, qui pr l nom *d'Ass N.* L roi voul contr l dép d t-ét; mais il résist; les autr dép se rend enf a l'ass nat, qu'on app auss *ass const.* L roi f auss avanc d tr pour dom l'ass, mais l J 9, les P attaq, pr et détr l B; l peup s'arm aussit, et l roi perd s aut.

Les nob n pay p d'imp; il ét seul adm au gr d'off d l arm et dans l mag, ils prél d dr et d imp sur l p; l clerg av l dixièm part d récolt ; l'ass const abo ces priv ; elle décl t l Fr admiss a empl civ et mil ; elle soum t l coup aux m pein ; elle étab l'ég d imp, elle ab l rest d l féod et d serv ; ell div l Fr en dép. L clerg ét dev poss d bien imm, p l donat succ qu'il av obt d fid ; l'ass const m c b a l disp d l nat, en ass un trait aux eccl.

L'arg ét dev tr rar ; on créa d bill, qu'on nom *ass*, p q l paiem en ét assign s l b nat. L pl p des nob et d prêt ref d s soum ; il sort d Fr d l'esp d s v bient rét dans l priv par l souv étr ; on l nom *Emig*. Pour l pun d l désert, l bien f vend au prof d l'ét.

L roi hab al Vers ; les Par l'obl d v rés a P, il s'enf av s f, d l nuit d 21 J 91 ; mais il f arr a V, et ram a P ; il f gard d l chât des T, et contr d'accept l nouv const q l'ass ven d donn a l Fr.

L roi d Pr, l'emp et l pr d'All s lig contr l Fr, d l'esp d rét l pouv abs, et d s part q q prov. L XVI f acc d l av app a s sec, il f attaq d s pal, l 10 A 92, et oblig d s ret au s d l'ass, q l décl déch d tr, et l f enferm d l pris d Temp, av s f. On com un assemb nat p étab un nouv gouv : c ass f nom *Conven*.

L arm enn av envah l Fr ; l Pr s'ét déj av d l Champ ; rien n par dev l emp d'arriv jusqu'a P ; il s'ét emp d Verd ; a c nouv, l P fur cour aux pr, et mass l nob et l pr q s'y trouv, et q ét acc d'av consp cont l nat ; on nom c mass, l *jour d* 7bre.

L dang q cour l pat av att d nomb vol, Dum, min d l g, s m a l t, et Kell vainq l Pr a V, et l obl a l retr.

L conv nat s'inst l 21 7^b. 92 ; ell décl l roy ab, et procl l rép. L XVI f cond a m, et p s l'éch, l l J 92. L rein, M A, Mme E, s d r, l d d'Orl, et un gr nomb d nob f mis a m. L j duo d Ch, auj L P, f obl d f a l'étr.

L gr nomb d'enn qui att l gouv forc l conv a gouv p l terr ; on étab part d trib rév, q env a l'éch t c qui ét acc d fav l rét d l roy Un gr nomb d c qui av contr a ét l rép, pér p av ch a arr l fur d révol exalt, qu'on nom J. Les Jac ét d rév foug, q s réun d un anc couv d J. L Gir ét les dép du dép d l Gir ; il voul modif l const, m il pér p l pl p s l'éch.

L g civ écl al d l Vend et d l mid ; c g ét exc par l émigr, sout p l Ang, a q Toul s'ét liv. L vill d L voul auss résist a l conv ; m elle f pr ap un siég d 7 j, et l mil contr rev f mitr ; Toul f rep, grâc aux disp d N B, q ét al off d'art. Les Vend obt q q succ ; m il f bient réd à s s. L émig ch a rentr en F p l pays ins ; mais l gén H l vainq a Quib.

L clerg s'ét montr host au gouv, on voul chang l relig, on étab un n calend ; l nom d m et d j f chang ; chaq m f div en 3 déc L syst décim f ad. Des gens mal int accap ou détr l grain, et l dis s f sent. Des troub surv d t l dép. Pend ces désord int l arm obt d succ. Dum av rep l enn ; mais bient il trah l Fr, il s'ent av l Autr p march cont P ; m s sold ref d l'accomp, et il f obl d pass à l'enn

L patr et l'énerg d l conv suff a t c dang ; l'Autr f vainc a Fl p J, l Belg et l Holl f conq p P et M, et l Vend f pacif p H. Robesp ét un memb d l conv, il voul l domin ; m l 9 thermid, il f renv et cond a l'échaf L conv élab un nouv form d gouv; on ét un Dir exéc, comp d 5 m, et d d chamb lég, l'un nom l *cons d Anc*, et l'aut *c des* 5. Pich trah auss l rép; l g rec dans l Vend; m H pacif une sec f c p.

Bonap s'ét fait remarq par s tal mil; on lui conf l comm d l'arm d'It, et av un arm dép d t, il disp l enn, 2 f pl nomb, et l forç d f l p, qui f s à C F en 97, c trait acc l Belg à l Fr. Bon entr un exp en E. pour comb l'infl des Ang; il obt d brill succ contr l T, mais s fl f détr par l Ang à l bat nav d'A; il n p recev d renf; l munit et l arm manq; l'arm f obl d'aband l'Eg. Bon à s arriv en Fr, abol l D et s f n *Cons*; il s mit à l têt d' arm, et p s succ, il gag l'affect d Fr. qui l'él emp en 4; il pr l n d Nap.

L Ang contin d f la g à l Fr, il excit l'Aut, et l Pr. par arg et p men, à s lig cont l Fr; m l brav d n sold, et l tal d l gén l'emp à Ulm, à Aust. L'Aut t ent f conq en 2 m. Les Pr, les Ang et l R cont l g; mais l Fr f vainq à Ién, à Friedl, et l p f enf concl à T. Nap forç l r d'Esp à abdiq en fav d J B; l Esp prir l arm; il f appuy par l Port et l Ang; mais malg l vict, l Fr f obl d s'ret, p q l'Aut recom l g. Nap f enc vainc à Eckmul, à Rat, à W, et l p f concl p l 4 f. Nap rép al s 1re fem J, dont il n'av p d'enf; il ép M L, f d l'emp d'Aut, et en eut un f, qui est m en A.

L R, l S, l'Ang, l'Esp et l Port s lig d nouv cont l Fr en 12; Nap cond l Fr en R, et s'emp d Mosc; mais un hiv extr détr l'arm; les trah d Allem fir perd à Nap l bat d Leip, et l'obl d rep l Rh. Nap av fat l nat p s desp, et l'av épuis par s g, il en f ab, et, apr av lut et remp plus vict contr l All, il f enf obl d'abdiq l 11 avr 14, il s ret à l'Ile d'Elb, et L, frére d L, rem s l tr.

Les hom ill q on par pend l rép et pend l rég d Nap fur : les memb d Dir, L Reveill-Lepeaux, Rewbell, Barras, Merlin de Thionville, Gohier, Sieyès, Roger-Ducos; les cons, Bonap, Camb, Lebr; les philos, Destutt de Tracy, Roy Coll, Voln; les hist, Anquet, Lacretelle, Ségur; les poët, Andrieux, Chateaubr; les math, Biot, Monge, Prony; les astr, Arago, Borda; les anat, Dubois, Larrey, Dupuytren; l natur, Cuvier, Jussieu, Geoffr, St Hil; le chim, Thénard; les médec, Corvisart, Pinel, les peint, David, H Vernet.

Les princ génér f Auger, Beauh, Bernard, Berth, Bess, Burn, Bonap, Brun, Carn, Championnet, Comp, Cust, Dav, Delmas, Desaix, Dugomm, Dumour, Grouch, Hoch, Jourd, Kellerm, Kléb, Lann, Luberc, Lefebvre, Macd, Marc, Marm, Mass, Menou, Molit, Moncey, Mort, Mur, Nansout, Ney, Oudin, Picheg, Rochamb, Soult, Such, Vandame, Victor.

Les phil fur Laromig, Cond; les hist f d Ség, Raynal; les orat f Brissot, Dant, Des, Mir, Robesp, St-Just, Vergn; les poët f And Chén, St Lamb; les poët trag f Jos Chén, Ducis; l poët com f Coll d'Harl; les romanc f Mme Cottin, Ducr-Dumesnil, Mme de Genl, M. d Staël; l math f Laplace, Legend, Lacroix; les astron f Delamb, Laland, Méchin; les phys f Gay-L, Montgolf; les natur f Lacép, Daubent; les chim f Berth, Guiton-Morveau, Lavois,

Parment, Vauquel ; l peint f Isabey ; l music f Boyeld , Chérub , Grétry, Méhul.

L XVIII accord aux Fr un ch const, qui garant l lib d l presse, et l disc des lois par un ch des p , et p une chamb des dép, nom p les citoy ; m l gouv mont bient qu'il voul rétab l'anc régim. Nap débarq t à c en Fr, au mois d M 15 ; tout l'arm l'acc av joie, et il remont sur l tr. Tout l'Eur s lig d nouv cont l Fr ; Nap f vainq à Fl ; l trah , l'hésit d quelq génér l ût perd l sang bat d W, et il f obl d'abd une 2 f, il s liv aux Ang q le cond à S H , où il m 15 M 21 .

L rem enc une f s l tr ; l Fr f obl d pay d'én coutr d guer ; elle f occ pend 5 ans p l arm étrang ; l part d Bour exerc d'aff veng cont c qu'on nomm bon ou lib ; des prot f massac jusq d l pris. L'ord f enf rét ; une arm fr entr en Esp en 23, pour rem s l tr Ferd VII, q av été chass p l Esp , la p f enf rend à l Fr. L XVIII m en 24, à.

C X , s f, l suc en 18. Dès l 1re ann d s rég, il f vot 1 mill d'ind aux ém ; il prop plus lois qui ann l'int d rét l gouv abs. L flotte fr, j à cel d A et d R, détr à N en 27, l mar d Egyp et d T. Un arm fr ch ent les T d l M, et l'indép d l Gr f rétab. En 30, les Fr s'emp d'Alg. Enc par ces succ, Ch X cr pouv chang l chart ; m les Par s rév, et Ch X fut obl d sort d Fr av s fam. L cour fut off au duc d'O, qui l'acc et jur d gouv p l bonh d Fr.

Les princip év arriv dep l procl d d d'O au trôn ont été :

La cond des min d Ch X a une pr perpét.

32. Les ravag du chol ; l'insurr des rép a P ; les troubl d l Vend, exc p l prés d l d B , qui fut arr à Nant ; la prise d l cit d'Anv, p l F.

34. Nouvel insur d répub à P.

35. Attent d Fieschi contr l r L P. L maréch Mort et pl aut gén y f t.

36. Nouv att dirig c l v d r, par Alib. Tentat fait à Str par L Nap, nev d Nap, pour s'emp d gouv. Mort d Ch X à G, en H. Expéd inf contr Constant. 3e att cont la v d r, par M.

37. Form d mus hist d Vers. Prise de Const, et mort d gén D.

38. Pris d fort d S J d'Ull, au Mex, par un escadr fr.

39. Emeut républ à Par.

40. Défense d Mazag, par 123 sold fr, comm p le cap Lel, cont 12,000 Ar. Transp à Paris d rest d Nap. Nouvel tent d princ Nap. Nouv att cont L P. par Darm.

41. Att cont l duc d'Aum, par Quén.

42. L'am D T s'emp d Il Marq en Oc. Mort du duc d'O occ par une ch d v.

43. Pris d l Smala d'Ab K , p l F.

44. Bomb d Tang et d Mog.

Vict d'Isl remp p 10 Fr cont 35 Mar.

45. Att d Lec cont l v d r.

46. Évas d pr Nap d fort d H.

Les lieux célèbres dans l'histoire de France sont : Chàl-s-M, Soiss, Tolb, Vouill, St-Cl, Poit, Rom, Aix l-C, Font, St-Cl-s-E, Pér, Mant, Jérus, Bren, Vitr, Alb, Bouv, Taill, Sain, Aig-M, D,

Le C, La M, Tun, Vinc, Pal, Court, M-en-P, L'Ecl, Créc, La Br,
Cal, Poit, Lond, Az, Mont, Orl, Comp, Rou, Strasb, Montlh,
Beauv, Nauc, Le Pless, St-Aub, Forn, Amér, Pér, Bonne-E,
Agnard, Rav, Marig, Romag, Pav, Cambr, Cal, Amb, Vass, Rou,
Dr, Orl, Jarn, Mon, St-Cl, Arq, Ivr, Font-F, Nan, Am, Verv,
La R, Roc, Aix, Sen, Nim, Nant, Fl, L Hog, Rys, Hochs, Malp,
Den, Utr, Vien, Font, Aix, Rosb, Vers, Par, Piln, Valm, Jemm,
Fleur, Quib, Toul, Arc, Camp-F, Le Cai, Abouk, St J d'A, Mareng,
Vinc, Auzt, Traf, Ién, Eyl, Fried, Wag, Mosc, Berés, Leip, Font,
Wat, Ste-Hél, Navar, Alg, Anv, Const, Can, Isl.

MYTH.

La Myth est l'h d d p. L princ div païen ét : Ur, Tit, Sat,
Cy, Ju, N, Pl, Jun, Apol, les M, qui ét Ca, Cl, Er, Me, Th,
Te, Eu, Po, U; Di, la Lu, Ph ou Hé; Ba, Me, Vé; Cup ou
l'A, les Gr, Ag, Th, Eup; Vu; Mi ou Pa, ou Bel; Ma, Pros.
Les aut div ét, pour l mer, apr N, Am, Th, les Ny, qui ét les
Nér, l Na, l Trit, Pr, les Sy, Eo. Les div d enf, apr Pl et Pr,
ét les j M, R, E; les fur, qui ét This, Mé, Al; les Par, q ét
Cl, La, At; Car, Cer. Les lieu cél d enf ét les Ch-E, l Ta
ou Té. Les princ coupab q ét pun d l enf ét Si, Ta, Typ,
les Da, les Tit Les princ fleuv d enf ét l'Ach, l S, l C, l Ph,
l L. Les div infer ét Cé, Pal, Po, Fl, Pr, Co, Mo, Mor,
Thém, l Ren, l Fort, Ném, la Dis. Les div champ ét l Dr,
les Na, Pa, les Sat, les Fa, les Sy, Ech, Narc. Les dieux
dom ét les Pé ou L et l d Ter Les aut div, ou pers imp d
l Myth, ét Ja, Pa, Pr, Ar, Ir, les Cy, Esc, Ph, Pég, Sil, les
Bac, Prot, Pers. Herc, Th, l Min, Cast et P, les Arg, Mid, Orp,
Or et P, Ul, En, Tél, Ach, les Sy.
    Sat ét l d d...; on l représ... Les princ act d Sat fur...

COSMOG ET SPH.

La Cosm est l desc de l'un. L'univ est l'ens d t l c q Dieu
a cr. L princ cor q D a cr s l ast. On div l ast en 2 cl, l
ast fix et l ast err. Les ast fix s c qui gard touj entr e l m dist,
t q l sol et l ét. Les ast er s c q parc l c d un ord rég, tel
q l plan, l sat et l c. L ciel est l'esp inf q n env. L nomb
d ét est inf com l ciel. On nom voie l un am conf d'ét q form
dans l c une b irr et bl, dans l direct d S au N. On app syst
sol ou pl l'ens des ast q s m aut d sol. L sol est un ast lum
14 cent m f pl gr q l t; il tour s l m en 2 j et 1 h. Les
plan s d ast op, qui ne brill q p l réfl d ray sol. El tour s
et m tout en tourn aut d s d'O en O. On con auj 1 plan,
qui s, dans l'ord d l dist au s, M, V, l T, M, V, J, C, P,
J, S, et U. Les sat s des pl sec, qui tourn d pl aut d'une
pl sup. L Lune est l sat d l t. Jup a 4 s; Sat en a 7, et un
doub an lum; Ur en a 6. L *comèt* s d pl qui décriv aut d sol

des ell tr all; el s acc d'une traîn ou q d f lum. L Ter a
40 mil mêt d circ; elle a 2 mouv, cel d *rot* ou *diur*, cel d
transl, ou an. P déterm et expl l diff mouv d l T, on a imag
diff lig et cerc. L'ax, les pôl, les mér et les par. L'ax est l lig
imag aut d l q ou supp q l T t; les 2 extrêm d l'ax s nom
pôl. L'un est dit p *sept, b, arct*, ou N, l'aut est nom Mér,
Aust, Ant, ou S. *L'équat* est un gr cer, sit à ég dist des p; on
l nom auss *lig eq*. Les mérid sont d c qui ent l T, d n au s,
en coup l'éq à angl d. Les parall s d petit c par à l'éq et entr
Tous l cerc s partag en 5 part, nom d. La *latit* est l dist d'un
lieu à l'éq. L *long* est l dist d'un l à un mérid conv. En Franc,
l 1er mér est cel d P. La Ter tourn aut d sol en...; c'est l dur
d l'ann. L'orb d l T est l chem qu'elle parc; l plan d c orb
s nom éclip; il est incl d.. rel à l'équat. L mouv appar d sol
et d ast est prod par l mouv d rot d l T, q prod en réal l j
et l n, attend qu'un corps sp n p êtr écl part en m temps,
par l m l.

L mouv d transl d l T prod en app l mouv ann des ast, et
en réal l'altern d s, et l'inég d j et d n. Vers l 2 J, l pôl n
ét incl v l s, c'est le mom d pl l j et l'ét pour l'hém b,
l'hémisp aust a al l'hiv et l pl c j. Vers le 2 D, l pôl s ét tourn
v l s, c'est l mom d pl c j, et l'hiv p l'hém bor. Le 2 M et le
2 Sept, la Ter ne prés auc d s pôl au s, les j sont ég a n par
t l t. Il résult du mouv d l T q l pôl ont alt 6 m d j et 6 m
d n Les tropiq s 2 cerc par, sit à .. d l'éq. L'un s n tr d c,
il marq l mom d solst d; l'aut s nom tr d c; il marq l
mom d solst d'h. Les cerc pol s 2 cer q s tr à .. d p,
ils marq l p où s'arr l lum d sol au mom d solst. Les
col sont 2 mérid qui s coup à ang dr, en pass, l'un par l point
où s trouv l sol au mom d solst, et l'aut par l p où il s tr
au mom d éq. Les trop et l cerc p part l t en 5 z, l z t, ou
br, entr l d tr; l d z temp, ent l trop et l cercl p; et l d z
gl. *L'horis* est l cerc q born not v. L *zen* est l p d c opp à n t,
l *nad* est l p opp à n p. L *zod* est une band circ, imag pour
ind l rout ap d sol. On div l zod en 4 const, ou gr d'ét. L
Lune est 5 f pl pet q l T; ell en est éloig d'env .. myr. L
Lune tourne s ell m en ... On nom *phas* les diff chang de
form qu'ell n pr; c ph sont l nouv l, ou conj; l pr q; l
pl ou opp et l d q. Un *eclipse* est l disp mom d'un ast, caus
par l'int d'un. aut. Il y a écl d sol, lorsq l l passe ent l T et l s,
il y a écl d l, lorsq l T s tr entr l s et l l, l couv d
s omb.

PHYS.

L *Ph* est l sc q tr d propr d c. L c n app s tr asp dif : sol, liq, g
L c sol rés au t; l liq n p êtr amonc; l g tend a s dissém. L c s
coerc ou pond. L propr gén d c s : *ét, imp, por, div, in, pes, att*
L'Etend, pl qu'oc l c d l'esp. *Imp*, impos ou s l c d'occ l m esp
Poros, état d c dont l mol s pl ou m éloig par l'air ou l cal. *Div*,

possib d div l c à l'inf. *Preuv.* Eman d od, comb, corps col. *Inert,* imp où s l c d chang d'ét p eux–m. *Attr,* propr qu'ont l c d s'att récip. *Dens,* ét d c, d les mol's pl ou m rap. L'or est tr–d; l'ép l'est p. *Pesant,* prop qu'ont l c d t v l c d gl, en vert d'une f nom att. *Atmosph,* couch d' q n env. Force *centrif,* tend d c à s'él d cent d l mouv. *Centrip,* tend d c à s rap d cent d l m. *Compress,* prop qu'ont l c d dim d vol, par l pr. *Condens,* prop q l c d dim d v par l'act d fr. *Dilat,* prop opp. *Diaph,* pr q pos l c d don pass à l l *Opa,* pr contr *Duct,* prop q l c d s'all à l fil. *Malleab,* pr d s'ét s l m. *Ebul,* ét d c liq, mis en m par l'intr d c. *Elast,* prop d c d rentr d l'ét d il a ét t. *Evap,* prop q l liq d s réd en v par l'act d c. *Ferm,* mouv int d c qui t à s déc. *Fluid,* ét d c d b part p gliss l un s l aut s entr l m.

On div l corps en *pond* et *imp. Pond,* q p êtr p. L c imp s l *cal,* l'*elec,* l *mag. Cal,* forc int rép d t l c. *Cal ray,* qui s com a obj env. *Cal lat,* q n s man p *Elect,* forc rép d l nat, ou el s manif par l répuls ou l'attr d c, prod d l lum, d l ch, l tonn, agiss surt s l ver et l mét, s l rés et l gaz. *Magnet,* forc attr d l'aim s l f, et d l ter s l'aim; l'élect prod l mag, et récip.

L princ c pond s l gaz, l c combust, l mét. L *gaz,* c aér. L g s l'*ox,* l'*hyd,* l'*az,* l *chl Ox,* g incol, inod, insip; princ élem d l resp d an et d l comb. *Az,* g inc, in, ins; nuis a l v d an et a l comb. *Hydr,* gaz 14 1/2 f pl l q l'air; génér d l', susc d s'enf; on s s pour l'écl.

L corps comb n mét s l *carb,* l *phos,* l'*io,* l *sou,* l *bor. Carb,* charb p; il a l pr d'abs t l g délét, et d'emp l putr; uni au fer, il f l'ac. *Phosp,* c insip, rép un od d'ail; lum d l'obs; on l'extr d os et d ur. *Chl,* c simp ver et d' od f; il dét l gaz délét, et conséq pur l'air. *Souf,* c jaun, frag, tr infl.

L mét s : *Merc* ou *v a,* semb à d pl f; n s solid qu'à 40° d fr; on s s en méd; all à l'ét, il f l t d gl. *Chr,* empl en peint. *Mang,* tr susc d s'ox; empl en peint. *Cob,* donn un bel coul bl *Ars,* mét bl–gr, frag, pois viol *Antim,* bl bl, frag; empl en méd à faib d. *Bism,* bl j, frag; il f l'ét des gl. *Et,* mét bl, lég, cri lorq l pl. *Pl,* bl bl, tr fus et tr pes. On en f d cond p l e, d b d f. *Fer,* dur, mall, gr cl et brill, p fus; tr rép d l nat, à l'ét d min, qu'on liq à un f chal, on obt all f, d on f des ust, des v d cuis, d p d can. En forg l f au moy d'un gr mart, on en obt l f s l form d bar ou lam. L fer forg d n apr l'av exp à une f ch d charb, on obt l'ac. *Cuiv,* mét roug; all à d'aut m, il d l'air, l *lait,* l *br,* dont on f l cl, l can et une f d'obj ou d'ust d mén. Exp à l'hum, l cuiv s'ox fac, et s couv d couch verd, nom v–d–g, qui est un p dang. *Zinc,* mét ass semb à l'ét, mais m fus; il sert à c l éd. *Arg,* mét bl, br, duct, mall. tr–préc. On en f d p d mon, d l vaiss, d bij. *Or,* m jaun, br, si duc et si mal, qu'av 100 f ou p dor un fil d'arg d 1800 kil d l. L min d'or et d'arg l pl ab s tr en A : cel d'E s rar et p prod. On mêl à l'or et à l'arg un p d cuiv, q d à c mét pl d dur. *Plat,* mét ass semb à l'arg; m pl tend, pl dens, m fus et pl rare. *Eau,* c transp, inc, inod, comp d'1 part d'ox et 2 d'hyd av q part d cal. *Vap,* eau dil

par l ch; ell occ al un esp 1700 f pl gr qu'à l'ét liq. On s sert d c
prop p amol l os, l b, l corn, l'étain; pour f mouv l bat, l mach,
et p transp l voy et l march s d ch d f. *Glace*, eau durc p l'abs d
cal, qui en ten l mol à dist. L'eau en s cong, augm d v; auss l
pier, l fer, l vas, l tuy s bris en hiv, si on y l séj d l'eau p un fr
rig. *Air*, c transp, inod, comp d 20 p d'ox, 79 d'az, d p d cal, d'ac
carb et d vap anim. L'air pèse 770 f m q l'eau. Pl l'air est fr, pl il
pés; c'est c q prod d les chem l'élév d l f. *Feu*, comb d l'ox av un
c qu'il déc. L'air est ess élast et dil; c'est c q prod l v, c q f élev
l'eau d l pomp, lorsqu'on en sout l'air au moy d'un p. *Barom*, inst
q s à mes l deus d l'. *Therm*, inst q mes l deg d l ch ou d f. *Hygrom*,
inst q mes l d d'hum d l'air. *Vent*, air m en mouv p l ch d temp.
Brouill, vap aq q s cond d l'. *Nuag*, br élev. *Pluie*, cond d br q, dev
pl l q l'air, tomb en g s l t. *Neige*, brouill cong. *Rosée*, cond d l vap
au cont d corps, refr p l'abs d sol. *Gel bl*, ros cond p l fr. *Vergl*,
pl q gèl s l t en y arr.

L Barom baiss p q l'air atm dev pl lég en s cond, il p m s l
cuv de l'inst; c'est ord sign d pl. L barom s'él q l'air atm dev pl
p en s dil, il p dav s l rés d merc, et forc l mét d s'él à l'aut extr.
En plong un vas renv d un liq, on épr d l rés p q... L'eau n'att
jam l f d vas p q.. On prof d cet prop pour desc au f d l m. Une
lum s'ét d l cav où s tr d liq en ferm, d l marn, d l p, d l fos d'ais
p q.. L vie d anim est en dang où l f s'ét p q.. L'air all l f, p q..
Un v viol ét un ch, p q.. L'eau act l f si.. ell l'ét si.. L carr d app
s couv d'hum ou d gl, lorsq.. L obj mouill s à l'air, p q.. L nuag
s'él, p q.. On f cess sub l br d'un c son en l touch, p q.. L son est
rép d q q lieu p q.. Un marr plac s l cend ch écl av br si.. p q..
Les chem fum, p q . On ét l f d'une chem en.. p q.. L'eau bouill
en s'éch, p q.. L'eau s'élèv d un tuy lorsq.. p q.. Si l'on bouch
l'extr d'un sering, on n p ret l p, p q.. L'eau stag s corr p q .
L bois, l pap, l parch s'all à l'hum, p q . L'eau diss l suc, l sel,
p q . L'huil bouill jail lorsq y j d l'eau, p q.. Lorsqu'on s reg dans
l'eau, on s v l t en b, p q.. L'arc-en-c est prod par.. Une bar d f
s'all si on l ch, p q..; s ell est soud à s d extr, ell s br en hiv, et s
courb en été, p q.. L mèch d lamp n rép p d fum, si on l'env d'un
ver, p q . Les vètem bl con m en hiv, p q.. et en été, p q...

FIN.